3

$Lm$ 661.

# HISTOIRE
# GÉNÉALOGIQUE

DE LA

# MAISON DE MONTCHALONS

EN LAONNOIS.

## MONTCHALONS.

Montchâlons est un petit village situé à deux lieues au sud-est de la ville de Laon, dans le fond d'une large gorge ouverte au midi sur la courte vallée de la Bièvre. C'était jadis une terre mouvant des évêques de cette ville, laquelle fut probablement détachée par l'un d'entre eux, en faveur de quelque seigneur du voisinage, du primitif et vaste domaine de l'église de Laon.

Cette inféodation, dont la cause est ignorée, paraît s'être accomplie dans les dernières années du XIᵉ siècle; car, avant cette époque, on ne trouve nulle part une mention quelconque soit des seigneurs, soit du village de Montchâlons. Quant à ce village, on peut croire qu'il s'est insensiblement formé à l'entour du premier château féodal construit sur ce domaine.

Un personnage nommé Albéric prend le titre de sire de Montchâlons dès l'année 1117 (1). D'où venait cet Albéric ?

(1) A. Duchesne ne fait partir la liste des seigneurs de Montchâlons que d'un personnage nommé Simon qui vivait, selon lui, en 1160.

*(Histoire généalogique de la maison de Châtillon, p. 718.)*

1856

A quelle famille appartenait-il ? C'est ce qu'il ne nous a pas été possible de découvrir avec certitude.

André Duchesne, se fondant sur la ressemblance des armoiries des seigneurs de Montchâlons avec celles de la maison de Châtillon dont elles ne diffèrent en effet que par le champ, étant : *de sinople, à trois pals de vair, au chef d'or chargé d'une fleur de lys naissante de gueules* ; André Duchesne affirme que les sires de Montchâlons tiraient leur origine de quelque puîné de cette antique et brillante famille de Châtillon-sur-Marne qui eut le privilège de fournir des seigneurs à un si grand nombre de villages de nos pays. Nous ne pouvons adopter ce sentiment. Divers indices nous portent à penser, au contraire, qu'ils descendaient de la maison de Chamouille, autre village du Laonnois, situé à peu de distance de Montchâlons, maison très-ancienne également, et dont les membres furent long-temps revêtus du titre de vicomtes du Laonnois.

Ce qui, du reste, prouve l'illustre origine de la famille de Montchâlons, quelle qu'elle soit d'ailleurs, c'est que, dès la fin du XIIe siècle, ses membres étaient *chevaliers bannerets*, c'est-à-dire, qu'ils jouissaient du droit de porter bannière, prérogative dont les premières maisons nobles du royaume étaient alors seules investies.

L'unique charte où figure Albéric comme sire de Montchâlons, nous apprend qu'il était marié et qu'il avait des enfants; mais elle nous laisse ignorer et le nom de sa femme, et celui de ces mêmes enfants.

On ne peut donc affirmer qu'un autre personnage nommé Clarembaud, qui prend après lui le titre de sire de Montchâlons, ait été son fils ; mais tout le fait présumer. On doit également regarder comme une chose vraisemblable que deux autres de ses enfants se nommaient Barthélemi et Hugues. Barthélemi devint seigneur de Bosmont, près de Marle, et fut la souche de la première branche cadette de la maison de Montchâlons ; nous ignorons si Hugues fut pourvu de quelque domaine.

On possède quatre actes de Clarembaud Ier, seigneur de

Montchâlons, et tous quatre sont des libéralités faites par lui à des maisons religieuses. Par le premier, en date de 1133, il donna à l'abbaye de Saint-Martin de Laon deux parties de la dîme de Montchâlons et le tordoir de ce village, s'interdisant en même temps d'en pouvoir élever un autre dans ce lieu (1). Par le second, daté de 1137, Clarembaud abandonna à cette même abbaye de Saint-Martin la terre d'Avins-sous-Laon qui avait appartenu à Raoul Balguil, son chevalier, et qui relevait des évêques de cette ville. Enfin, par les deux derniers actes, passés l'un et l'autre en 1141, Clarembaud se pensant sur le point de mourir et voulant acheter le salut de son âme, fit une aumône tant à cette même maison religieuse qu'à l'abbaye de Saint-Vincent de Laon. Il donna à la première une vigne située à Orgeval, avec la dîme de la *villa* de Cilly, et les *aisances* dans toute l'étendue de ses terres, ainsi qu'un certain *cosellum* nommé *Lovanie* (Lovania) (2) ; la seconde eut pour sa part cinq sous de cens, six muids de vinage, la justice et le district de Chamouille (3).

De son épouse dont le nom est resté inconnu, Clarembaud Ier laissa trois enfants. L'aîné, Barthélemi, succéda à son père dans le domaine de Montchâlons ; Gauthier, le second, devint seigneur de Mauregny et forma la souche d'une deuxième branche cadette de la maison de Montchâlons. Nous ignorons si le troisième, nommé Bliard (4), eut quelque bien en partage.

(1) Cartul. de l'abbaye de Saint-Martin de Laon.
(2) *Id., ibid.* Nous ne savons ce qu'on doit entendre par *Cosellum*. Ce mot ne se trouve pas dans Ducange.
(3) Cartul. de Saint-Vincent de Laon.
Cette dernière donation est, selon nous, le meilleur indice d'une proche parenté entre les deux familles de Chamouille et de Montchâlons. Elle prouve en effet que Clarembaud possédait, sinon la seigneurie, du moins des droits seigneuriaux étendus à Chamouille, et il nous paraît naturel de penser que ces droits lui étaient venus par héritage.
(4) Bliard est dit fils de Clarembaud de Montchâlons sur un titre de Saint-Vincent de Laon, en 1146, où il figure avec sa femme Brémonde et son fils Bliard.

Barthélemi I<sup>er</sup>, sire de Montchâlons, ne figure en cette qualité que sur deux chartes sans intérêt historique, à la date de 1144 et 1147.

On voit alors paraître, comme seigneur de Montchâlons, un autre personnage nommé Hugues, qui nous semble avoir été le frère plutôt que le fils du précédent, sans, d'ailleurs, que nous puissions rien affirmer à cet égard.

Hugues, aussitôt son entrée en jouissance du domaine de Montchâlons, c'est-à-dire en 1147, fit une aumône à l'abbaye de Saint-Nicolas-aux-Bois, en lui abandonnant la troisième partie de la terre de Reneux (1).

Neuf ans après, il gratifia l'abbaye de Foigny d'une rente de 19 setiers de vin, à la mesure de Montchâlons (2).

Ainsi que nous l'avons déjà fait remarquer ailleurs, le pélerinage de Saint-Jacques en Galice était alors de mode parmi les chevaliers français. Hugues de Montchâlons voulant se conformer à cet usage, résolut de l'entreprendre aussi et partit en 1160, après avoir fait à l'abbaye de Saint-Martin de Laon une libéralité destinée sans doute à appeler la bienveillance du Ciel sur son voyage. Il lui donna les *aisances* des pâtures de Montchâlons, pour les usages de sa *court* de Chaumont, sous la condition toutefois que les animaux de cette *court* ne descendraient pas la montagne (3).

Le nom d'Hugues, sire de Montchâlons, ne figurant plus plus nulle part après cette époque, on peut penser que ce seigneur mourut en route et ne revit pas la France.

(1) Cartul. de Saint-Nicolas-aux-Bois.

(2) Cartul. de Foigny.

(3) Cartul. de Saint-Martin de Laon, t. III, p. 45.

Nous ne savons par suite de quelle étrange méprise André Duchesne (*loco citato*, p. 718) change le nom d'Hugues, seigneur de Montchâlons, en celui de Simon. Il n'y eut pas de Simon seigneur de Montchâlons à cette époque. Hugues, au contraire, figure comme tel sur des chartes de 1147-52-53-54-59 et 1160. Cet écrivain a évidemment confondu le seigneur de Neuville, nommé Simon en effet, avec celui de Montchâlons (V. notre *Notice historique sur Neuville-en-Laonnois*, p. 6).

Hugues avait épousé une dame nommée Agnès. Il paraît n'en avoir eu que deux enfants : Payen, qui hérita de ses domaines, et Mélissende, dont l'alliance est ignorée.

Payen est à peine connu comme seigneur de Montchâlons, car il ne figure en cette qualité que sur un seul acte en date de 1163. Il épousa Mélissende, fille de Guyard II de Montaigu, seigneur de Neuville, laquelle se dit veuve de lui dans un acte de 1168. Elle lui donna une nombreuse postérité.

Clarembaud, l'aîné, hérita du domaine de Montchâlons ; Albéric eut pour sa part la moitié de la seigneurie de Martigny, qu'il vendit en 1187 au chapitre de la cathédrale de Laon, avec les cens et le vinage en dépendant ; Barthélemi embrassa la carrière ecclésiastique et devint chanoine de Laon ; Guy fut seigneur de Vaurseine, hameau dépendant de Ployart, et forma une troisième branche cadette de cette famille ; Jean (1) eut le domaine de Berrieux et devint la souche d'une quatrième branche de la maison de Montchâlons ; Marie épousa Guillaume, seigneur du Sart, près La Fère ; Elizabeth, ou mieux Ade, fut alliée à Pierre de Braine ; N. devint femme de René de Sons.

On ne connaît de Clarembaud II, seigneur de Montchâlons, que deux actes : l'un est une fondation religieuse, l'autre une libéralité en faveur de l'église Saint-Martin de Laon.

Par le premier, daté de 1186, il fonda, sous l'invocation de Saint-Michel, une chapelle à Montchâlons, probablement dans l'intérieur de son château. Trois ans après, il abandonna à titre d'aumône, à l'abbaye de Saint-Martin, deux muids de froment, mesure de Laon, qu'il levait annuellement sur la ferme d'Etrépoix, appartenant alors aux moines de cette maison religieuse (2).

Indépendamment de la terre de Montchâlons, Clarembaud possédait encore celle de Bouconville par indivis avec Pierre de Braine, son beau-frère ; mais, plus tard, il lui racheta sans

(1) Ce Jean a été inconnu à André Duchesne.
(2) Cartul. de Saint-Martin, t. 1, p. 264.

doute sa portion, car nous le verrons tout-à-l'heure passer
ce domaine tout entier à l'un de ses enfants. Il hérita encore
de son oncle Simon, seigneur de Neuville, comme nous l'expliquerons à l'article de ce village, ce domaine, qu'il put également transmettre à l'un de ses héritiers.

La branche aînée de la maison de Montchâlons atteignit
donc en lui l'apogée de sa fortune. Aussi vit-on, en 1217, sa
veuve Luciane, après avoir largement doté tous ses enfants,
faire encore hommage à l'évêque de Laon de la moitié du
château et de la terre de Montchâlons, de la moitié de *la villa*
de Bièvre, d'Orgeval, Vaurseine et Parfondru, domaines
quelle avait sans doute conservés à titre de douaire (1).

C'est vraisemblablement à Clarembaud que l'on doit faire
honneur de la charte communale dont jouissait le village de
Montchâlons au commencement du xiiie siècle. Le préambule
de celle de Marchais, près de Liesse, nous apprend, en effet,
que cette dernière fut calquée en 1210 sur celle de Montchâlons (2); mais il ne nous fournit aucun autre renseignement
sur cet acte important.

Clarembaud II de Montchâlons était mort en 1216, laissant
de sa femme Luciane sept enfants, dont quatre garçons et
trois filles.

Barthélemi lui succéda dans le domaine de Montchâlons ;
Simon devint seigneur de Neuville et forma une cinquième
branche de la famille, mais qui s'éteignit en lui ; Gobert eut
en partage la terre de Bouconville, où il forma la souche
d'une sixième branche ; Albéric fut seigneur de Courtrizy et
la souche d'une septième branche ; Brémonde épousa Gaucher, seigneur de Tugny; Basilie et Marie paraissent être
mortes sans alliances.

Ce ne fut pas sans difficulté que Barthélemi, IIe du nom,
prit possession du domaine de Montchâlons. Il s'éleva entre

(1) Grand cartul. de l'évêché de Laon.

(2) *Hanc institutionem pacis ad punctum de Monte Cabilonis perpetuo instituimus.* (Charte de Marchais, en notre possession.)

lui et son frère Gobert, seigneur de Bouconville, de vives contestations dont les causes et la nature ne sont pas clairement exposées, mais qui paraissent avoir eu pour origine cette même propriété. Les deux frères ne firent la paix qu'en 1218, en acceptant l'arbitrage de cinq personnes du pays dont les noms nous paraissent mériter d'être conservés : c'étaient Guillaume, seigneur d'Eppes ; Evrard de Merval ; Raoul Barnaige, citoyen de Laon, avec les frères Gérard et Baudoin Barroquin, bourgeois de Bruyères.

Barthélemi et Gobert jurèrent de s'en rapporter à la décision de ces arbitres, sous peine d'une amende de 500 liv. parisis au profit de celui d'entre eux qui resterait fidèle à son serment.

Il fut décidé que les deux frères se consulteraient réciproquement dans leurs affaires ; que Barthélemi ne pourrait faire de dettes au-delà de cent livres laonnoises, si ce n'est à son frère qui, sans doute, craignait sa prodigalité ; que Gobert, à son tour, ferait hommage à l'évêque de Laon, etc. (1).

Voilà tout ce qu'on sait de Barthélemi II, qui paraît être mort vers 1235. Il avait épousé Alix de Château-Porcien qui lui apporta cette terre en dot. Il en eut deux enfants : Jacques, Jacquemont ou Jacquemart, hérita de tous ses domaines ; Alix épousa Gilles, seigneur de Sons, croyons-nous.

Peut-être doit-on lui donner un troisième enfant nommé Clarembaud ; car dans une charte de 1233, ce dernier est dit petit-fils de Clarembaud de Montchâlons. Ce troisième enfant de Barthélemi II eut en partage le domaine d'Aubigny (2).

Nous ne connaissons qu'un seul acte de la vie de Jacques, seigneur de Montchâlons et de Château-Porcien. C'est encore une libéralité faite au clergé. En 1236, il assigna une rente de 24 livres aux églises de Parfondru et de Vaurseine.

(1) Grand cartul. de l'évêché de Laon.
(2) Ce Clarembaud ne laissa point de postérité, sans doute ; car, dès 1259, Gobert de Montchâlons, seigneur de Bouconville, son cousin, prend à son tour le titre de seigneur d'Aubigny.

Après cette époque, le nom de Jacques I<sup>er</sup> ne paraît plus qu'une fois sur une charte de 1239. Nous ignorons le nom de sa femme ; mais il fut certainement marié, car il laissa quatre enfants. Hellin et Jacques lui succédèrent l'un après l'autre ; Raoul embrassa la carrière ecclésiastique ; Elizabeth fut alliée à Gilles de Roisy ou Roisin.

Hellin ne nous est connu comme seigneur de Montchâlons que par un seul acte. En qualité de chef de la famille, il accorda, en 1246, son approbation au don que Pierre de Montchâlons, seigneur de Bouconville, avait fait cette année à l'abbaye de Foigny (1).

Ce seigneur se joignit peut-être aux Croisés qui, en 1248, suivirent saint Louis partant pour l'Orient, et l'on peut supposer qu'il périt dans cette lointaine expédition, sans laisser de postérité, car tous ses biens revinrent à Jacques, son frère puîné ; mais, comme celui-ci n'avait point encore atteint l'âge de sa majorité (2), son beau-frère, Gilles de Roisy, fut chargé de sa tutelle et prit tout à la fois l'administration de ses biens, et le titre de seigneur de Château-Porcien et de Montchâlons.

C'est donc en sa qualité de tuteur que Gilles de Roisy approuva, en 1247, le don de 60 livres parisis fait à l'abbaye de Saint-Martin de Laon par *défunt* Jacques, seigneur de Montchâlons (3).

Le premier acte de Jacques II, second fils de ce dernier, en prenant possession de l'héritage paternel, fut de confirmer à son tour, en 1261, cette libéralité. Il reconnut avoir reçu des religieux de Saint-Martin, *pour son évidente nécessité*, soixante livres parisis, et leur devoir dix livres parisis pour arrérages

(1) Cartul. de Foigny.
(2) Jacques se dit encore damoiseau (*domicellus*) en 1259.
(3) Cartul. de Saint-Martin. T. 1, p. 270.
Malgré cette approbation, Gilles de Roisy et sa femme refusèrent, en 1253, de servir les 40 sous parisis de rente annuelle qu'ils devaient pour leur part. Albéric de Courtrizy fut choisi pour expert par les parties adverses. Gilles promit de payer cette rente aussi longtemps qu'il tiendrait la terre de Montchâlons *en main burnie*. (Id., ibid. T. 1, p. 271).

de la rente de 40 sous à eux léguée par son père. Dans cette pièce, Jacques s'intitule *damoiseau*, fils de Jacques, jadis seigneur de Montchâlons (4).

L'année suivante, Jacques fit un accord avec Raoul, son frère, chanoine de Saint-Gervais de Soissons, relativement au *châtel* de Montchâlons, sur lequel, sans doute, Raoul prétendait des droits. Les termes de cet acte nous sont inconnus.

Un ancien écrivain nous apprend que le château de Montchâlons fut reconstruit à cette époque par ce même Jacques, mais ne nous transmet aucun renseignement sur cette vieille forteresse féodale dont la ruine est aujourd'hui si complète qu'on ne saurait montrer avec quelque certitude l'emplacement sur lequel elle s'élevait jadis.

L'époque de la mort de Jacques II, seigneur de Montchâlons, n'est pas connue d'une manière certaine ; mais on peut dire qu'elle eut lieu après 1280, ce seigneur souscrivant encore à un acte de cette année. Il laissa deux enfants d'une dame dont le nom ne s'est pas conservé : Gobert lui succéda dans le domaine de Montchâlons ; Jacques eut pour sa part la terre de Château-Porcien et forma une nouvelle branche cadette de la maison de Montchâlons qui, toutefois, s'éteignit en lui, ayant vendu ce domaine de Château-Porcien, en 1303, à Gaucher V, seigneur de Châtillon-sur-Marne (2).

On ne sait absolument rien de Gobert Ier, seigneur de Montchâlons, sinon qu'il vivait encore en 1300. Sa femme, dont le nom n'est pas mieux connu, lui donna deux enfants, Guillaume et Gilles. Celui-ci mourut sans postérité.

A partir de Gobert, la liste des seigneurs de Montchâlons devient difficile à dresser, et leur filiation plus difficile encore à établir (3).

(4) *Jacobus, domicellus, dominus de Monte Cabilonis, filius quondam Jacobis, militis, domini dicte ville* (Id. ibid. T. 1, p. 281 et 284).

(2) Ce Jacques suivit la carrière des armes et fit avec distinction la guerre de Flandres, sous Philippe-le-Bel.

Une Marguerite de Montchâlons qui, en 1322, se dit veuve de Jean, sire de Harcigny, était peut-être aussi une fille de Jacques II.

(3) Une généalogie des seigneurs de Montchâlons, dressée par D. Bu-

Après Guillaume, on doit évidemment placer parmi les seigneurs de cette localité un personnage nommé Jean, puisqu'un certain Raoul, qui lui succéda de 1319 à 1334, se dit, avec Guichard, son frère, chanoine d'Anthoing, fils *de noble homme, monseigneur Jean de Montchâlons* (1). On doit en outre donner pour sœur à Raoul de Montchâlons, une certaine Julienne qui épousa d'abord le seigneur de Vendy, puis convola en secondes noces avec Jean de Lombus, chevalier. Elle figure sur deux actes de l'église de Saint-Martin (2).

Raoul prend d'abord, en 1319, le simple titre d'écuyer, ce qui annonce ou que son père n'était pas mort, ou qu'il n'avait point encore atteint l'âge de sa majorité. Plus tard, il se dit chevalier et sire de Montchâlons.

Ce seigneur eut, en 1326, des démêlés avec les religieux de Saint-Martin de Laon, à propos de la justice de Vaurseine qu'il prétendait lui appartenir. Un accord mit, cette année, fin à la contestation : il fut convenu que toute justice sur les habitants de Vaurseine resterait au seigneur de Montchâlons, mais que les moines de Saint-Martin auraient exclusivement celle de leur maison construite dans ce hameau (3).

En 1334, Raoul de Montchâlons, sur la demande de ces moines qui lui avaient permis de chasser dans leur forêt de Samoussy, reconnut par un acte authentique n'avoir point, dans cette occasion, exercé un droit, mais profité de l'autorisation qu'ils lui avaient accordée pour cette fois seulement de prendre ce divertissement sur leurs propriétés.

Après Raoul, on voit paraître comme seigneur de Montchâlons un personnage nommé Colard, dont il est impossible d'établir la filiation avec les précédents. Ce Colard eut en

gniâtre et insérée dans la collection de D. Grenier, clot la liste de ces personnages à Guillaume dont nous venons de parler, et passe sous silence tous ses successeurs. André Duchesne n'est pas tombé dans cette erreur, car il lui donne des descendants, sans toutefois les nommer.

(1) Cartul. de Saint-Martin. T. 1, p. 289.
(2) *Id. Ibid.*, p. 287 et 289.
(3) *Id. Ibid.*

1350 de grands démêlés avec l'église de Soissons, à propos
des droits de justice qu'il prétendait sur le village de Chas-
semy, appartenant à cette église, et dont il était sans doute
avoué. L'affaire fut portée devant le prévôt de Vitry qui dé-
bouta Colard de ses prétentions (1).

On doit sans doute placer après Colard, comme seigneur de
Montchâlons, un second Guillaume, châtelain de Mézières,
mentionné par André Duchesne (2), mais dont le nom ne nous
a été fourni que par une charte, sous l'année 1372 (3). Ce
Guillaume aurait épousé Marguerite de Châlons et serait mort
vers 1380, sans laisser de postérité, de sorte que le domaine
de Montchâlons passa dans les mains des seigneurs de La Bove,
issus eux-mêmes de la famille de Montchâlons, comme nous
le verrons par la suite.

Peu de temps après, la terre de Montchâlons paraît avoir
été donnée en dot par Jean Ier, dit *Barat*, sire de La Bove, à
sa fille Marie qui semble avoir successivement contracté deux
alliances. Mariée d'abord à Hugues de Châtillon, seigneur de
Villesavoye, elle convola sans doute en secondes noces avec
Jean, chevalier, seigneur de Thoulon, et lui apporta les terres
de Ville-sur-Tourbe, avec Montchâlons. C'est, en effet, en qualité de seigneur de Montchâlons que Jean de Thoulon fit, en
1386, à l'évêque de Laon, le dénombrement de la terre de
Montchâlons (4).

Mais ce domaine ne tarda pas à rentrer dans les mains des
sires de La Bove; car, à partir de ce moment, le village de
Montchâlons n'eut plus de seigneurs particuliers. Ceux de
La Bove devinrent aussi les siens, et nous renvoyons, pour
leur histoire, à la notice sur La Bove, qui vient à la suite de
celle-ci.

(1) Cartul. de l'église de Soissons.
(2) *Loco citato*, p. 719.
(3) Titres du duché de Laon, liasse 61e, aux archives de l'Aisne.
(4) *Id.*, *ibid.*

# BOSMONT.

Bosmont est un autre petit village bâti sur la rive droite de la Serre, à 6 kilomètres environ à l'est de la ville de Marle. On n'en connaît point les seigneurs avant Barthélemi, frère puîné de Clarembaud Ier, seigneur de Montchâlons. Nous ne saurions dire comment Barthélemi devint propriétaire de Bosmont. Hérita-t-il cette terre de ses parents, ou bien épousa-t-il l'héritière des premiers seigneurs de ce lieu? Nous ne savons; mais il figure en qualité de seigneur de Bosmont entre les années 1134 et 1169, c'est-à-dire pendant une période non interrompue de trente-cinq années.

On ne connaît toutefois qu'un seul acte public de Barthélemi. C'est une aumône faite par lui, en 1162, à l'abbaye de Saint-Martin de Laon, maison religieuse qui paraît avoir été choisie de préférence à toute autre par la famille de Montchâlons dans la distribution de ses aumônes. Il lui accorda les *aisances* de ses pâturages, c'est-à-dire, le droit de faire paître sur ses terres les troupeaux qu'elle possédait aux environs.

Barthélemi de Montchâlons, seigneur de Bosmont, mourut vers la fin de l'année 1168, laissant sept enfants de sa femme nommée Hersende.

L'aîné, Albéric, lui succéda dans le domaine de Bosmont; Clarembaud fut seigneur de Cilly; Réné devint seigneur de Rary, ferme dépendant de Saint-Pierremont (1); Guy embrassa la carrière ecclésiastique; Ida, Isabelle et Godde sont seulement connues par leurs noms.

Celui d'Albéric, chevalier, seigneur de Bosmont, se lit sur différentes chartes entre les années 1169 et 1193, après quoi il n'est plus question de lui. Il fut certainement marié, et il eut une fille nommée Oda (2); mais nous ne pouvons dire si

(1) Réné épousa, en 1177, une dame nommée Bruna, et lui constitua pour sa dot tout ce qu'il possédait à Rary. (Cartul. de Nogent, fo 54.)

(2) Cette Oda, fille d'Albéric, approuva, en 1156, une donation faite à

le personnage du nom de Réné, qui prend après lui la qualité de sire de Bosmont, fut son fils, son frère ou son gendre.

Le nom de Réné, chevalier, sire de Bosmont, paraît pour la première fois en 1214, dans une charte par laquelle il partagea, cette année, la dîme de Bosmont entre l'église de Thenailles, celle de Rozoy-sur-Serre, et le curé de Bosmont (1).

En 1224, Réné de Montchâlons, sire de Bosmont, devint encore seigneur de Saint-Aubert et de Bohain, par suite de la mort de Gérard, seigneur de ces lieux, décédé cette année sans postérité, ce qui fit tomber ces domaines dans les mains de sa sœur Yolande, femme de Réné.

Ce seigneur paraît avoir cédé le domaine de Bosmont dès 1242, à Gilles, son fils aîné (2), qui prend en effet le titre de seigneur de ce village dans une charte de cette année. Mais, l'année suivante, un certain Guy, qui probablement était son frère, prend à son tour le titre de seigneur de Bosmont; ce qui doit faire supposer que Gilles était déjà mort sans avoir contracté d'alliance, ou, du moins, sans laisser de postérité.

Guy de Bosmont avait épousé une dame nommée Anseline. Bien qu'ayant un enfant d'elle, il se décida en 1243, par un motif que nous ignorons, à aliéner une partie du domaine paternel, et il en fit la vente à Thomas II de Coucy, seigneur de Vervins. Son père, qui vivait encore, ne mit aucun obstacle à cette aliénation, dans la pensée peut-être qu'elle servirait à lui concilier la faveur du Ciel dont il avait besoin pour accomplir le voyage de la Palestine qu'il méditait en ce moment (3). Trois ans après, Guy II, fils et petit-fils des précé-

l'abbaye de Saint-Martin, ce qui semble indiquer qu'à cette époque elle était seule héritière de son père. (Cartul. de Saint-Martin, T. 3, p. 41.)

(1) Cartul. de Thenailles, fº 13, verso.

(2) Dans la charte précitée, Gilles ou Gillon est dit fils aîné (primogenitus) de René de Bosmont et d'Yolande, sa femme.

(3) René de Bosmont partit en 1248, après avoir fait à l'abbaye de Saint-Martin de Laon une aumône destinée à assurer le salut de son âme : il lui donna un demi-muid de blé, mesure de Marle, à prendre chacun an sur le terrage de Bosmont.

dents, vendit à son tour au seigneur de Vervins, la moitié
qui lui restait du domaine de Bosmont, par la raison sans
doute que, n'ayant pas d'héritier, ce domaine devait infailli-
blement passer après sa mort dans des mains étrangères.

Ainsi disparut la famille de Bosmont, issue de la maison de
Montchâlons. La première branche cadette de cette famille
s'éteignit donc avant son aînée ; elle avait à peine duré plus
d'un siècle.

Thomas II de Coucy, seigneur de Vervins, également connu
sous le nom de Thomas de Marle, ce qui l'a fait confondre par
plusieurs écrivains avec le trop fameux Thomas Ier, son ayeul,
possédait déjà d'immenses domaines territoriaux. Il jouissait,
par héritage, des terres de Vervins, Fontaine et Landouzy,
auxquelles il avait récemment ajouté, par acquisition, la châ-
tellenie de Marle avec la terre de St-Pierremont, et sa femme
Mahaut de Rethel, lui avait encore apporté en mariage celles
de Brie et de Montaguillon qu'il échangea plus tard contre
Chémery, Stonne, La Besace, Châtillon et autres.

Intrépide champion de la féodalité, il s'était trouvé à la
bataille de Bouvines. Plus tard, on le vit suivre Thibaut de
Champagne courant au secours de l'empereur de Constan-
tinople, Baudoin de Courtenay, menacé par Michel Paléologue.
Mais son véritable titre de gloire, c'est d'avoir été en quelque
sorte le législateur de la contrée.

Vervins lui dut la refonte de ses lois communales. La charte
qu'il en dressa en 1238 n'est pas seulement un code de juris-
prudence remarquable, résumant dans ses dispositions toutes
les conquêtes que l'esprit public avait faites ; mais elle est
curieuse aussi comme échantillon de style et comme l'un des
premiers monuments écrits de la langue française (1). Fon-
taine-lès-Vervins, Landouzy-la-Ville et d'autres lieux encore,
lui durent également des modifications importantes à leurs
lois municipales, modifications qui élevèrent celles-ci au ni-

(1) Voyez le texte de cette pièce remarquable dans notre *Histoire de Coucy,* p. 327 et suivantes.

veau des idées et des mœurs de son temps. La biographie de
Thomas II de Coucy-Vervins est encore à faire.

Après sa mort, arrivée en 1253, Thomas III, son fils aîné,
lui succéda dans la majeure partie de ses domaines, notamment dans la terre de Bosmont ; mais celui-ci, après en avoir
joui près de douze ans, la donna de son vivant, c'est-à-dire,
vers 1267, à son puîné nommé Jean.

Jean devint ainsi la souche d'une nouvelle branche collatérale de Coucy. Il écartela les armes de cette maison d'un
bâton d'or posé d'un bout sur la seconde fasce qui est de
gueule, et de l'autre sur la dernière qui est aussi de gueule.

Ce nouveau seigneur de Bosmont était très-jeune : Thomas III
de Vervins, son père, voulant assurer son établissement, lui
chercha un parti en état de répondre à l'éclat de son nom.
Il le trouva dans la fille du seigneur de Saint-Leu qui venait de
mourir. Mais, comme celle-ci était plus âgée que Jean de Bosmont, il voulut qu'elle promît, dans un acte revêtu de tous les
caractères de l'authenticité, d'attendre, pour l'épouser, qu'il
eût atteint l'époque de sa majorité : Catherine de Saint-Leu
prit donc l'engagement, dans un acte au bas duquel furent
apposés le sceau de sa mère et celui de Jean, son frère, de
demeurer dans la propre maison du seigneur de Vervins jusqu'au moment où son fils aurait atteint l'âge requis pour contracter mariage, autorisant en attendant ce même Thomas à
gérer et garder les revenus de sa terre, se réservant la moitié
de ces *leveures* si le mariage venait à manquer par le fait de
Jean de Bosmont ou par la mort de l'un des deux fiancés, et
s'obligeant enfin à lui payer une somme de mille livres en
forme de dédit, dans le cas où elle viendrait elle-même à
renoncer à cette union (1).

Ce Jean de Coucy-Bosmont mourut sans doute à la fleur de
l'âge, car on voit son fils aîné, Guy, prendre le titre de seigneur de ce lieu dès 1272. Jean laissait un autre enfant,

_____

(1) L'usage de prendre ainsi des sûretés pour s'assurer un mariage avantageux fut très-fréquent parmi les seigneurs du moyen-âge.

nommé Thomas, qui fut seigneur de Saint-Leu et devint la souche d'une autre arrière-branche de la maison de Coucy. Ce Thomas mourut en 1284, pendant un voyage qu'il avait entrepris en Aragon.

On ignore le nom de la femme de Guy III de Coucy, seigneur de Bosmont. Il en eut un seul enfant qu'il appela Jean, du nom de son père, et il lui laissa, semble-t-il, ses domaines de son vivant, c'est-à-dire vers 1302. Guy ne mourut lui-même que onze ans après.

Jean II de Coucy-Bosmont, après s'être acquis une juste réputation de loyauté et de bravoure dans les guerres de Flandres, termina sa carrière par une fin des plus malheureuses. En 1347, une querelle violente s'engagea entre lui et un seigneur de la cour nommé Henri Du Bois (1). La cause ne nous en est pas connue; mais, d'après toutes les vraisemblances, elle n'était point étrangère aux affaires publiques du temps. Du Bois provoqua Jean de Bosmont en combat singulier. Philippe de Valois autorisa cette nouvelle épreuve de l'ancien combat judiciaire tombé depuis longtemps en désuétude, et au jour fixé, il se rendit avec toute sa cour sur le lieu qui devait être témoin de la lutte des deux champions. Jean de Bosmont eut le malheur d'être vaincu. Selon les lois de la chevalerie, sa vie appartenait à son vainqueur; mais le roi ne souffrit pas que celui-ci usât de tout son droit, et, faisant grâce à Jean de Bosmont, il ordonna qu'on le mît en liberté (2).

(1) C'est probablement Henri de Roucy, seigneur de La Ville-aux-Bois, qu'alors on nommait simplement *Le Bois*.

(2) Les anciens chroniqueurs, quelquefois si prolixes sans nécessité, ne nous donnent aucun détail sur cette affaire. Tout ce que nous en savons se lit dans le *Miroir historial* de Jean de Guise, abbé de Saint-Vincent de Laon, écrivain contemporain. Voici le passage textuel de ce récit trop écourté:

MCCCXLVII. — Le chastel de Bosmont emprès Marle, lequel estoit à messire Jehan de Vrevin, chevalier, fut assiégé par le comte de Roucy, envoyé de par le roy; quar ledit chevalier, après ce qu'il fut vaincus en champ par messire Henry du Bos, chevalier, à Paris, en la présence du roy, et que le roy lui ot pardonné la vie, il se désespéra et s'en ala au siége de Calais, et là se allia au roy d'Angleterre et luy rendist sondit chastel de

Le seigneur de Bosmont, couvert de confusion et la rage dans le cœur, s'empressa de quitter la cour, roulant dans sa tête des projets de vengeance. La malheureuse issue de la bataille de Crécy, livrée l'année précédente, avait ouvert la porte de la France aux Anglais, et le roi Edouard d'Angleterre venait d'en profiter en s'emparant de la ville de Calais. Jean de Bosmont y courut, et, trahissant indignement son pays et son prince, il contracta une alliance avec ce même Edouard.

Il revint ensuite à Bosmont. Une troupe d'Anglais le suivait de près : aussitôt leur arrivée, il leur ouvrit les portes de son château et en fit hommage au roi d'Angleterre.

Cette trahison introduisait les Anglais au cœur du pays ; aussi souleva-t-elle l'opinion publique. Sans perdre de temps, Philippe de Valois donna commission à Robert, comte de Roucy, de lever des gens d'armes, de rassembler les communes voisines, et de se porter à leur tête sur le château de Bosmont, afin d'en faire le siège.

Ce château n'était point assez fort pour tenir longtemps. Au bout de peu de jours, la garnison, réduite aux abois, demandait à capituler. Il lui fut accordé de sortir la vie sauve (1). Toute la colère du roi tomba sur le château. Il fut rasé jusqu'à terre, et, sur son emplacement, l'on dressa un haut gibet, comme une menace à tous ceux qui seraient tentés de suivre l'exemple du seigneur de Bosmont.

En apprenant la ruine de son château, Jean de Bosmont entra dans une fureur si violente qu'elle développa en lui le germe d'une maladie mortelle. Il y succomba bientôt, dit un

---

Bosmont, et y mit des Anglois et les ennemis du roy de France. Et pour ceste cause fut pris ledit chastel, et par ledit comte et ses gens et les gens du pays environ, saubve la vie de ceux qui estoient dedans, et puis fut destruit, et dedans ledit chastel fut levé un gibet en la place mesme où ledit chastel estoit, etc.

(1) D. Varoqueaux (*Histoire du Laonnois*, ms.) dit que les assiégés de Bosmont profitèrent de la nuit pour s'échapper. Jean de Bosmont était absent. Le matin, les assiégeants ne trouvèrent personne et pillèrent le château. Le récit de Jean de Guise dément cette version.

vieux chroniqueur, *tous fourcenez et esragiés*, *en l'ost du roy d'Angleterre* (1).

Jean II de Bosmont avait eu quatre enfants d'une femme dont le nom est resté inconnu. Enguerrand, l'aîné, mourut jeune; mais les trois autres, nommés Guy, Thomas, et une fille qui fut mariée en Allemagne, vivaient encore. Aucun d'eux ne succéda à leur père dans le domaine de Bosmont, et nous ne savons ce qu'ils devinrent. Cette terre fut confisquée par le roi et donnée au seigneur de Cilly, voisin de celui de Bosmont.

La terre de Cilly appartenait depuis peu d'années aux seigneurs de La Bove, château situé près de Bouconville. Ces seigneurs descendaient d'une branche cadette de l'ancienne famille de Montchâlons qui, après avoir possédé le domaine de Bouconville, était devenue propriétaire de celui de La Bove par suite d'une alliance, et venait d'acquérir encore celui de Cilly. La terre de Bosmont rentra donc ainsi, après un intervalle de plus de cent années, dans les mains des derniers représentants de l'ancienne maison de Montchâlons, dont une branche cadette l'avait déjà possédée pendant plus d'un siècle.

Gobert, IIIe du nom, était alors seigneur de La Bove. C'est lui qui avait acheté la terre de Cilly, et c'est à lui que le roi fit don de celle de Bosmont. Le dévouement qu'il avait toujours montré dans le service du prince lui valut sans doute cette libéralité, comme il lui valut encore la charge de grand bailli de Vermandois dont il fut revêtu trois ans après.

A sa mort, arrivée vers 1389, le domaine de Bosmont échut à Gobert ou Robert, son troisième fils, qui avait épousé Agnès de Mauvoisin, fille du seigneur d'Apremont. Mais, aucune lignée n'étant sortie de cette union, Cilly et Bosmont revinrent à Gobert V, frère aîné de Robert, qui possédait déjà les terres de La Bove, Bouconville, Montchâlons, Mauregny et Ville-sur-Tourbe (Marne). Gobert V, sire de La Bove, était de plus bailli d'Amiens et gouverneur de Châlons. On pense qu'il périt à la bataille d'Azincourt, en 1415, et c'est lui, dit-on, mais

(1) Jean de Guise, *Miroir historial, loco citato.*

cela nous paraît douteux, qui se trouve désigné dans nos anciennes chroniques sous le nom de *Savoisy*.

Il laissa trois enfants dont l'un, nommé Gobert, devint encore seigneur de Bosmont et de Cilly. Mais Gobert ayant survécu au seul enfant nommé Edouard, qu'il ait eu de sa femme, ces deux terres rentrèrent de nouveau après sa mort dans les mains de la branche aînée de cette famille, représentée en ce moment par son neveu Jean III, sire de La Bove.

Enfin, Jean III ayant fait don, à son tour, des terres de Cilly et de Bosmont à son fils puîné, nommé Jean comme lui, ce dernier, voyant que sa femme Anne de Laval, duchesse de Châteaubriant, ne lui avait donné qu'un seul enfant, nommé Gobert, se contenta de lui laisser la terre de Cilly, et vendit, en 1437, celle de Bosmont à un bourgeois de Paris, nommé Guillaume Sanguin (1).

Guillaume Sanguin prenait le titre d'échanson du roi Charles VI et fut prévôt des marchands de Paris en 1441 (2). Il passa la terre de Bosmont à ses héritiers qui la possédèrent sans interruption jusqu'à la fin du XVIᵉ siècle, époque à laquelle l'un d'eux la vendit à Jean-Jacques de Chambly, seigneur de Monthenaut, près de Bruyère

La famille de Chambly est connue depuis le XIIIᵉ siècle, et tire son nom de la petite ville de Chambly, située dans le Beauvoisis. Elle jouissait de la terre de Monthenaut depuis le milieu du XVᵉ siècle (3).

---

(1) Guillaume Sanguin acheta en même temps le vicomté de Neufchâtel.

(2) Guillaume Sanguin mourut cette même année et fut enterré dans l'église des Saints-Innocents, à Paris. On lisait sur sa tombe l'épitaphe suivante : « Cy gist noble homme, maistre Guillaume Sanguin, écuyer, en » son vivant échanson du roy Charles, VIᵉ du nom, conseiller et maistre » d'hostel de monseigneur le duc de Bourgogne, vicomte de Neufchastel, » qui trépassa le mercredi 14 février, l'an de grâce 1441. Dieu ait l'âme » de luy. Amen. »

(3) La maison de Chambly portait pour armes : *D'azur, au sautoir d'or chargé de cinq tourteaux de gueules.*

Indépendamment de cette seigneurie, Jean-Jacques de Chambly possédait encore celles de Pancy, Chamouille et Colligis. Il était gentilhomme de la chambre du roi et avait épousé Madeleine d'Anglebérmer. Après sa mort, la terre de Bosmont revint à Claude, son puîné, qui fut la souche d'une nouvelle branche de la famille de Chambly, mais dont la postérité ne tarda guère à s'éteindre.

Claude de Chambly vivait au temps de la minorité de Louis XIV. Les troubles civils et les guerres étrangères qui signalèrent cette époque néfaste, furent particulièrement désastreux pour nos contrées. Les princes y avaient leurs principaux partisans et leurs meilleures places d'armes, et l'ennemi du dehors, aidé et favorisé par les mécontents du dedans, s'efforçait sans cesse de pénétrer dans l'intérieur du royaume par cette frontière. Pendant plus de vingt années, dont un chroniqueur nous a raconté dans son style naïf les misères et les désastres de tout genre (1), pendant plus de vingt années le pays fut foulé, pillé, dévasté, incendié aussi bien par les Français que par les Espagnols.

Bosmont eut à supporter une large part de maux dans cette désolation générale. Pillé et brûlé deux fois par les Espagnols dans la seule année 1652, la première fois au mois de juillet et la seconde au mois d'octobre, il eut encore à subir un désastre semblable au mois de janvier suivant. Ce village, ruiné par le passage continuel des troupes, épuisé par toute sorte de contributions, n'offrit plus dès lors que l'image de la désolation. Les habitants l'avaient fui pour la plupart : le peu qui en restait, mourant de faim et de froid, erraient, semblables à des spectres, parmi les ruines de leurs maisons à demi incendiées ou démolies, cherchant un abri contre les intempéries de la saison derrière les quelques pans de muraille restés debout. Quand la paix fut rétablie, il fallut à ce village bien des années pour se relever de ses ruines, ramener

(1) Nicolas Lehaut : *Recueil des désordres qui se sont passés dans le comté de Marle pendant la guerre*, in-18.

la population et retrouver une partie de son ancienne pros-
périté.

La tranquillité dont le village de Bosmont jouit après cette
longue période de troubles, fut de courte durée. La guerre
éclata de nouveau et plus furieuse que jamais, au commencement du xviiie siècle. Cette fois, un évènement heureux
pour la France en fut la cause et l'occasion.

Charles II, roi d'Espagne, en mourant le 1er novembre
1700, laissa la couronne de ce royaume à un prince français,
à Philippe, duc d'Anjou, petit-fils de Louis XIV. Ce choix fit
naître le dépit des autres potentats de l'Europe, déjà si jaloux
de notre pays, et ils prirent les armes pour s'y opposer. Une
longue série de revers de tout genre mit alors la France à
deux doigts de sa perte, revers d'autant plus déplorables
qu'ils avaient pour principal auteur un Français, un compa-
triote (1). Le pays était tombé si bas, qu'un partisan hollandais
nommé Growestein, eut la hardiesse de concevoir et le
bonheur d'exécuter une entreprise dont l'idée seule, en tout
autre temps, eût été taxée de folie. A la tête de 3,000 chevaux
seulement, il pénétra sur le territoire français au mois de
juin 1712, passa l'Oise à Proisy, pilla successivement ou mit
à contribution vingt-cinq ou trente tant villes que villages de
ce pays, du nombre desquels fut Bosmont, et put se retirer
impunément chargé de butin.

Claude de Chambly n'était plus alors seigneur de Bosmont.

(1) Nous voulons parler d'Eugène de Savoie, si connu sous le nom de
*prince Eugène*. Il était fils d'Eugène-Maurice de Savoie, comte de Soissons,
qui mourut en 1673, non sans soupçon d'avoir été empoisonné par sa
femme, Olympia Mancini. De ses trois fils, l'aîné, Louis-Thomas, devint
comte de Soissons; Philippe, le second, fut pourvu de l'abbaye de Saint-
Médard; mais le troisième, Eugène, qu'on appela longtemps l'*abbé de
Soissons*, n'ayant pu obtenir de Louis XIV ni une abbaye ni un régiment,
passa de dépit au service de l'empereur, devint, à la tête de ses troupes,
le plus célèbre capitaine de son temps, et animé d'une haine implacable
contre la France qui l'avait dédaigné, ne cessa, jusqu'à sa mort, de lui
faire tout le mal possible.

Le seul enfant mâle que lui avait donné sa femme, Madeleine de Ravenel, fille de Jacques de Ravenel, marquis de Sablonnières et seigneur de Verdelot, jouissait de ce domaine depuis plusieurs années déjà. Claude de Chambly avait aussi laissé deux filles qui se firent religieuses.

Jacques-François de Chambly, chevalier, comte de Bosmont, fils de Claude de Chambly, fut lieutenant au bailliage de Laon, et mourut sans alliance en 1730, après avoir donné tous ses biens à son neveu Charles-François de Chambly, seigneur de Monthenaut.

Ainsi finit la branche cadette de la maison de Chambly. La branche aînée ne devait pas tarder à s'éteindre à son tour dans les filles; car, par une destinée commune aux anciennes familles nobles de ce pays, elles ont successivement, pour la plupart, vu périr leur nom dans une descendance féminine.

Charles-François de Chambly, comte de Monthenaut et de Bosmont, ne laissa en effet de sa femme Jeanne Le Corgneux, qu'une fille nommée Jacqueline-Louise, laquelle épousa, en 1740, Réné-François-André, comte de La Tour-du-Pin, vicomte de La Charce, brigadier des armées du roi et chevalier de Saint-Louis. Il appartenait à une famille connue depuis des siècles dans le Dauphiné, laquelle tirait son origine des anciens dauphins du Viennois (1).

Réné-François-André de La Tour-du-Pin fit toutes les guerres de son temps. Il se trouva aux sièges de Kehl en 1733, et de Philisbourg l'année suivante, à l'affaire de Clausen en 1735, sur le Rhin et en Bavière en 1743, à l'attaque de Wissembourg où il fut blessé, au siège de Fribourg en 1744, à ceux de Mons, de Charleroy et de Namur, ainsi qu'à la bataille de Rocoux en 1746; enfin, il commandait le régiment de Bourbon à la bataille de Lanfeld, où il reçut une seconde blessure. Il se retira du service en 1748 à cause de ses infirmités, et ne

(1) Les armes de la famille de La Tour-du-Pin sont : *Ecartelé aux 1er et 4 d'azur, à la tour d'argent, au chef de gueules, chargé de trois casques d'or: aux 2 et 3 d'or, au dauphin d'azur.*

mourut cependant qu'en 1778, laissant un seul enfant de sa femme Jacqueline de Chambly.

Réné-Charles-François de La Tour-du-Pin naquit en 1746. Il épousa Angélique-Louise-Nicole de Bérulle, arrière-petite-nièce du cardinal de ce nom, et suivit comme son père la carrière des armes. D'abord colonel en second du régiment d'Aunis, il devint ensuite colonel des grenadiers royaux, et il était encore revêtu de cette charge, quand éclata la révolution française.

A l'exemple de beaucoup d'autres membres de la noblesse, M. de La Tour-du-Pin en adopta les prémisses avec ardeur; mais il ne tarda guère à revenir de ses premières impressions et à se tourner contre elle.

Jusqu'au mois de juin 1791, la noblesse avait en effet marché d'accord avec la majorité de l'assemblée nationale, en la secondant dans toutes les mesures de réforme tentées par elle. Mais, si elle avait fait bon marché de ses privilèges pécuniaires, elle ne fut pas aussi facile à l'endroit de ses privilèges honorifiques. Le décret du 9 juin qui abolit la noblesse héréditaire, souleva une opposition presque générale dans ses rangs. Dès le même jour, il parut contre ce décret une protestation signée par plus de cent députés de la noblesse, au nombre desquels figurait d'abord un seul des membres de la députation de l'Aisne, M. Maquerel de Quesmy; mais bientôt trois de ses collègues, MM. Pasquier de Bois-Rouvray, le chevalier de Novion et le comte d'Egmont, seigneur de Braine, s'empressèrent d'y adhérer.

Du sein de l'assemblée constituante, la protestation contre ce décret s'étendit bien vite dans toutes les provinces du royaume, et s'y formula en termes plus amers et surtout plus violents. M. de La Tour-du-Pin fut le premier à protester dans ce pays. « Je ne croyais pas, écrivait-il de Laon dès le 23 » juin, je ne croyais pas qu'il fût nécessaire de protester » contre le coup de pied de l'âne. Mais puisque la véritable » noblesse proteste contre le décret du 19 juin, en qualité de » premier rédacteur des cahiers de celle du Vermandois

» rassemblée à Laon le 16 mars 1789, et pour suppléer au
» silence de MM. de Miremont, Quesmy et Desfossés, nos
» députés, sans crainte d'être démenti par aucun véritable
» noble d'origine militaire, je proteste en mon nom et au
» nom de ces anciens preux qui élevèrent notre premier roi
» sur un bouclier, qui, depuis, ont sacrifié leur fortune pour
» empêcher que la monarchie française ne devînt une province
» anglaise; je proteste, dis-je, contre le décret du 19 juin. Je
» le déclare non seulement anti-constitutionnel, anti-monar-
» chique, mais même ridiculement contradictoire avec ceux
» rendus sur les fiefs, les propriétés, les principes de la
» monarchie, etc. »

Cette véhémente protestation, dont nous ne pouvons donner
ici qu'un extrait, jointe à sa qualité de noble, devait coûter
la vie à M. de La Tour-du-Pin. Arrêté en 1793, il fut traduit
devant le tribunal révolutionnaire le 19 messidor an II (7 juillet
1794). Il était accompagné de cinquante-neuf autres personnes,
dont quelques-unes seulement lui étaient connues comme des
compatriotes. On distinguait parmi elles Guillaume-Joseph
Dupleix de Bacquincourt, ex-intendant de Bourgogne, seigneur
de Mercin, près de Soissons; Marc-Antoine-Marie Randon,
dit Latour, natif de Laon, cultivateur et propriétaire de-
meurant à Villers-Saint-Paul, ex-commandant de la garde
nationale de Creil, et en dernier lieu administrateur du trésor
public; Louis-Joseph Potier de Gesvres, ex-duc et pair,
seigneur de Blérancourt. Tous ces infortunés dévoués d'avance
au supplice, étaient accusés d'avoir trempé dans une conspi-
ration imaginaire des prisons. Quelques heures suffirent pour
les juger. Ils eurent à peine le temps de décliner leurs noms;
on leur laissa ignorer celui de leurs accusateurs; aucun témoin
ne fut entendu; ils ne purent ni s'expliquer ni se défendre;
en un mot, leur procès se borna à une simple constatation
d'identité, après quoi ils furent condamnés en masse à la
peine capitale et traînés au supplice.

M. de La Tour-du-Pin laissait deux fils dont l'un, empri-
sonné avec lui, le suivit de près dans la tombe; l'autre, Réné-

Amable-Louis fut, sous la restauration, membre du conseil général de l'Aisne et colonel commandant la garde nationale de l'arrondissement de Vervins.

Ce dernier épousa Marie-Gabrielle-Claudine Donet de La Boullaye, qui lui donna deux enfants, aujourd'hui vivants : l'un habite Bosmont, l'autre Arrancy.

# MAUREGNY.

La terre de Mauregny, située à quatre lieues environ à l'est de Laon, faisait primitivement partie du domaine des évêques de cette ville. L'un d'eux, Roger de Rosoy, la donna, en 1178, à l'abbaye de Saint-Vincent de Laon, on ne sait à quel propos, ni sous quelles conditions.

Cette terre eut cependant des seigneurs particuliers dès le commencement du XIIᵉ siècle, et nous sommes portés à croire que ces premiers seigneurs ne furent autres que ceux de Montchâlons ; car on voit Gautier, fils puîné de Clarembaud Iᵉʳ, sire de Montchâlons, prendre dès 1133 la qualité de seigneur de Mauregny. Or, il est naturel de penser que cette terre lui était échue par héritage plutôt que de toute autre manière.

La nouvelle branche de la maison de Montchâlons dont Gautier fut la souche, voulant se distinguer de la branche aînée et des autres, brisa, selon André Duchesne, les armes de sa famille d'un *lionceau de sable passant au quartier*.

Gautier de Montchâlons, seigneur de Mauregny, paraît être mort vers 1160, laissant quatre enfants d'une femme dont le nom n'est pas parvenu jusqu'à nous. Nicolas, l'aîné, lui succéda dans le domaine de Mauregny ; Simon n'eut pas de postérité ; Gobert est inconnu ; Marie épousa Jean, sire de Berrieux.

On ne connaît aucun acte de Nicolas de Montchâlons, seigneur de Mauregny. Le nom de sa femme est également ignoré ; elle lui donna deux enfants appelés Nicolas et Simon.

Nicolas II de Montchâlons, seigneur de Mauregny, n'a laissé aucune trace de ses actions. Il mourut sans postérité et peut-être même sans avoir contracté d'alliance : son frère Simon lui succéda.

Simon de Montchâlons prend, dès 1217, les titres de sire de Mauregny et de prévôt héréditaire du Laonnois (1). Nous ignorons également les actions de sa vie, le nom de sa femme et ceux de ses enfants, s'il en eut. Aussi ne pouvons-nous affirmer que deux particuliers nommés André et Jean, chevaliers, qui prennent en 1227 le titre de seigneurs de Mauregny, aient été ses héritiers.

Nous voyons ensuite un Jacques de Mauregny, seigneur de Chavigny-le-Sort, lequel accorda en 1281, avec sa femme Aélide, une charte d'affranchissement à ce même village de Chavigny. Ce Jacques sortait évidemment de la maison de Mauregny ; mais fut-il seigneur de ce village ? C'est ce que nous ne pouvons dire.

De ce moment jusqu'en 1360, on ne trouve plus aucune trace des seigneurs de Mauregny (2). Il est donc impossible de savoir si la branche cadette de la maison de Montchâlons qui donna des seigneurs à ce village persista longtemps encore, et de connaître la manière dont elle s'éteignit. Mais il est

---

(1) La charge de prévôt héréditaire du Laonnois paraît avoir été possédée dès le xiie siècle par les sires de Mauregny. Mais au commencement du siècle suivant, elle était dans les mains des seigneurs de Valavergny, qui sans aucun doute sortaient de la maison de Montchâlons. On ne peut aujourd'hui établir cette parenté ; mais elle est mise hors de doute par ce seul fait que les seigneurs de Valavergny portaient des armes identiquement semblables à celles des seigneurs de Mauregny. Les archives de l'Aisne possèdent encore (titres du clergé, liasse 67), un sceau de Simon II, seigneur de Valavergny, lequel représente un écusson chargé de trois pals de vair avec un lion passant sur le premier quartier, armes de tout point semblables à celles des seigneurs de Mauregny.

(2) Un certain Raoul, dit Hutin, écuyer, dont la femme se nommait Yda, se dit sire de Mauregny dans un acte de 1317.

certain que, dès le milieu du xive siècle, ce domaine était entré dans les mains des seigneurs de La Bove, Jean II, dit Barat, sire de La Bove, prenant en 1360 le titre de seigneur de Mauregny. Or, les sires de La Bove étant eux-mêmes descendus d'un puîné de la maison de Montchâlons, on peut soupçonner que la terre de Mauregny leur revint par héritage, parce que sans doute le dernier Montchâlons, seigneur de Mauregny, n'avait pas eu d'héritiers plus proches qu'eux.

Un Jean de Proisy se dit seigneur de Mauregny de 1647 à 1667; mais nous ignorons de laquelle des différentes branches de cette maison établies dans ce pays il pouvait sortir.

On voit après lui David et Etienne de Proisy prendre tous deux la qualité de seigneur de Mauregny. Nous ignorons s'ils étaient ses enfants. Ils eurent à se défendre, en 1680, d'une terrible accusation, ayant été soupçonnés cette année du meurtre d'un bourgeois de Laon, nommé Nicolas Huet, sergent royal au grand bailliage de Vermandois.

La terre de Mauregny passa ensuite, et peut-être à cause de cette affaire, dans la maison de Marolles, sur laquelle nous ne possédons aucun renseignement. Henri-François de Marolles, chevalier, seigneur de Mauregny, et Charles-Henri de Marolles, son frère, la vendirent en 1742 à Marie-Françoise de Fay d'Athies, veuve de Charles-Alphonse de Miremont, seigneur de Berrieux.

Après la mort de cette dame, le domaine de Mauregny passa à Thomas-Exupert de Miremont, son troisième fils, déjà baron de Montaigu. Ce seigneur avait épousé en 1756 Madeleine d'Ausbourg de La Bove, si connue par ses écrits. (V. La Bove.)

# VAURSEINE.

Vaurseine est situé au sud de Montchâlons, à une faible distance de ce village. C'est aujourd'hui un hameau dépendant

de Ployart; mais il formait autrefois lui-même une paroisse
à part, avait une église et des seigneurs particuliers.

Toutefois, nous ne connaissons aucun de ces personnages
avant Guy, fils de Payen, seigneur de Montchâlons, ce qui
nous porte à croire qu'au xII<sup>e</sup> siècle, le terroir de Vaurseine
faisait encore partie du domaine de Montchâlons, et qu'il en
fut détaché seulement à cette époque pour constituer un pa-
trimoine à l'un des puînés de cette famille.

Guy, quatrième fils de Payen de Montchâlons, eut en effet
cette terre en partage dans la succession paternelle, et devint
la souche d'une nouvelle branche cadette de la maison de
Montchâlons. Il dut, selon l'usage, briser ses armes de
quelque signe particulier, afin de les différencier de celles
de la branche aînée ; mais jusqu'ici nous n'avons pu découvrir
ni de lui, ni de ses successeurs, quelque sceau qui nous
mette à même de connaître cette brisure.

Guy paraît pour la première fois comme seigneur de Vaurseine, dans un acte de 1189. C'est un accord fait avec les
moines de Saint-Martin de Laon, accord par lequel il donna
en location à ces religieux tous ses biens situés sur le terroir
de Vaurseine. Cet acte est d'un grand intérêt. Il montre,
d'une part, l'impuissance des seigneurs du moyen-âge à
mettre en valeur leurs immenses propriétés territoriales ; de
l'autre, l'industrie et l'activité des moines de cette époque,
qui les portaient à se faire les fermiers des possesseurs du
sol, et à essayer par une culture habile et intelligente à en
tirer des produits inconnus à l'insouciance et à l'incurie des
seigneurs. Les moines doivent être regardés comme les restaurateurs de l'agriculture dans nos pays, de même qu'ils y
furent aussi les restaurateurs des sciences, des arts et de
l'industrie.

Par cet acte, Guy céda en perpétuelle possession, c'est-à-
dire à bail emphytéotique aux moines de Saint-Martin, les
terres, champs et vignes qu'il possédait sur le terroir de
Vaurseine, sous la condition d'en partager ainsi les fruits,
à savoir : que ces religieux en garderaient pour eux les trois

cinquièmes, et que les deux autres cinquièmes lui resteraient. Les moines se réservèrent d'ailleurs le droit de pouvoir, selon qu'il leur paraîtrait plus utile, arracher les vignes pour les mettre en culture, ou transformer les champs en vignobles.

Il leur abandonna en outre *la mouture*, c'est-à-dire les moulins de Vaurseine et de Bièvre, moyennant un trécens annuel de six muids de froment, et s'engagea à contraindre les habitants de ces deux villages à venir moudre à ces moulins. Il fut encore convenu que, si quelqu'un d'entre eux se soustrayait par un moyen ou par un autre à l'obligation de moudre à ces moulins, s'il *emportait sa mouture*, comme on disait alors, Guy serait tenu de faire restituer aux moines ce qui leur était dû. Enfin, Guy abandonna en aumône à ces mêmes religieux de Saint-Martin cinq muids de vin à prendre sur ceux qui lui revenaient pour sa part dans la culture de ces vignes (1).

Cet acte est le seul connu de Guy de Montchâlons, seigneur de Vaurseine. Nous ignorons l'époque de sa mort; mais il laissa des enfants de sa femme nommée Hodierne. L'aîné Gobert lui succéda.

Gobert paraît dès 1220 comme seigneur de Vaurseine. Il abandonna cette année en aumône à l'abbaye de Saint-Martin deux muids de froment à prendre sur les quatre muids et demi qu'elle lui devait pour l'exploitation de ses moulins de Lannoy et de Bièvre, sous la condition toutefois de pouvoir exploiter ce dernier moulin à son propre compte, s'il le voulait, déclarant qu'à sa mort ledit moulin retournerait aux moines avec tous les meubles qui le garniraient ou les augmentations qu'il y aurait faites, et cela sans que sa femme ni ses héritiers pussent réclamer aucune indemnité (2).

(1) Cartul. de Saint-Martin, t. 1, p. 265.

Guy fut probablement le constructeur du château féodal qui s'élevait autrefois à Vaurseine. Dès le commencement du XIIIe siècle, en effet, il est question de la *maison forte* de Vaurseine. Il en existe encore un beau reste dans une tour ronde très-bien conservée et d'une forme élégante, qui s'élève au milieu de la prairie, non loin de ce hameau.

(2) *Id. ibid.*, p. 266.

Nous ne savons rien autre chose de Gobert qui, cependant, ne paraît pas être mort avant 1240. Il avait épousé une dame nommée Galée, fille du seigneur de Bièvre, laquelle lui apporta en dot sinon la totalité, du moins une partie de ce dernier domaine.

Le personnage qui paraît après lui est nommé Gérard de Vaurseine, damoiseau (*domicellus*), dans un acte de 1247 (1). Etait-il son fils? On ne peut l'affirmer, mais il y a tout lieu de le croire.

Quoi qu'il en soit, cette branche cadette de la maison de Montchâlons s'éteignit dans ce même Gérard; car un particulier nommé Anselme, seigneur de Bucy-lès-Pierrepont, se dit à son tour, en 1255, seigneur de Vaurseine

Comment ce dernier domaine lui était-il échu? On ne peut douter que ce ne fût par sa femme, nommée Agnès, qui sortait en effet de la maison de Montchâlons-Vaurseine; mais nous ne pouvons dire si cette dame était fille ou sœur de Gérard. Nous sommes toutefois portés à croire que c'était sa sœur; car comme elle figure, dès 1247, en compagnie de son mari et de Gérard, cela doit faire supposer qu'elle était à peu près de l'âge de ce dernier, par conséquent sa sœur plutôt que sa fille.

Anselme fit, en 1259, à l'abbaye de Saint-Martin de Laon, une vente qui fournit les moyens d'apprécier la haute valeur de l'argent monnayé au milieu du xiiie siècle. Il lui vendit un bois s'étendant derrière Vaurseine et contenant 922 verges à la mesure de Bruyères, moyennant le prix de 128 livres parisis. En prenant pour terme de comparaison la valeur moyenne actuelle des bois qui est de 12 fr. la verge, et en supposant que la verge de Bruyères fût alors semblable à celle de Laon, on voit que la livre parisis du milieu du xiiie siècle serait dans le rapport d'au moins douze à un avec la livre

(1) *Id. ibid.*, p. 269. C'est une vente de 17 liv. parisis (de rente sans doute), faite à ce seigneur par Raoul, mayeur de Vaurseine, et Mathilde, son épouse.

actuelle, en d'autres termes, une livre de cette époque représenterait au moins douze francs d'aujourd'hui.

Anselme mourut vers 1261 ou 1262, laissant de sa femme qui le suivit dans la tombe en 1264 (1), deux enfants nommés l'un Albéric et l'autre Anselme comme lui.

Albéric fut seigneur de Bucy; Anselme eut probablement pour sa part la terre de Vaurseine; mais on ne peut que le conjecturer, aucun titre ne venant appuyer ou démentir cette supposition.

Il faut ensuite arriver à 1357 pour trouver le nom d'un autre seigneur de Vaurseine. Celui-ci s'appelait Jean. Il possédait Vaurseine par suite du partage qu'il fit cette même année avec un second Jean, dit *Luziart*, son frère cadet, des biens de ses parents dont les noms ne nous sont pas révélés. Arrancy, Arrançot, Ployart et Vaurseine échurent à Jean, l'aîné : Luziart eut pour sa part Bois-Roger, près de Laon, et quelques autres petits biens.

Viennent ensuite comme seigneurs de Vaurseine, en 1394, Jeanne, surnommée tantôt de Vendresse, tantôt de Vendiers; puis, vers 1398, Pierre de Vendy, chevalier, fils de la précédente sans doute, et dont la femme se nommait Alix.

En 1447, cette terre était possédée par Jean de Ravenel, écuyer et pannetier du roi (2).

Ce personnage prit à bail cette année de l'abbaye de Saint-Martin, et pour une durée de trente-six ans, tout ce que cette maison religieuse possédait sur le terroir de Vaurseine en terres arables, bois et prés, ainsi que le moulin de Lannoy, moyennant une redevance annuelle de 32 sous parisis (3). Cet acte vient à l'appui de beaucoup d'autres pour prouver que la première ferveur des moines était déjà passée, et qu'ils songeaient dès lors à jouir dans le repos et l'oisiveté, des grands biens amassés par l'activité et l'industrie de leurs prédécesseurs.

(1) Elle fut enterrée à Vauclerc où sa tombe se voyait encore au siècle dernier.

(2) Ce grand officier de la couronne a été inconnu du P. Anselme.

(3) Cartul. de Saint-Martin, t. 1, p. 297.

A partir de cette époque jusqu'au milieu du xvII<sup>e</sup> siècle, les seigneurs de Vaurseine ne nous sont plus connus. Cette terre appartenait en 1666 à un sieur Gaspard de Brail, qui prenait le titre de baron de Vaurseine. Elle passa ensuite, nous ne savons comment, dans les mains de Charles Levent, président en l'élection de Laon, descendant d'une ancienne famille bourgeoise de cette ville ; puis, vers 1700, dans celle de Pierre-Antoine Parat, par suite de son mariage avec Madeleine Levent, fille et héritière sans doute du précédent.

Pierre-Antoine Parat était frère du seigneur de Clacy et portait comme lui : *Parti coupé de gueules et d'argent de huit pièces, de l'un en l'autre.*

Il s'intitulait seigneur de Vaurseine, Courthuy et La Malmaison ; fut chevalier du Mont-Carmel et de Saint-Lazare, et gouverneur de l'île Bourbon. Sa femme lui donna deux filles, Madeleine-Charlotte et Antoinette, laquelle, en 1739, porta ces terres en mariage à François-Charles de Bezannes, chevalier, seigneur de La Plaine et en partie de Prouvais et de Guignicourt.

Cette dernière famille, l'une des plus anciennes du pays, paraît être originaire de Reims ou du Rémois. Elle possédait la seigneurie de Prouvais dès le xIV<sup>e</sup> siècle, et portait pour armes : *D'azur, semé de besans d'or, au lion d'argent brochant sur le tout.*

M. de Bezannes eut de sa femme trois enfants, dont deux moururent jeunes ; le troisième, Charles-François, était page du roi en 1758.

Au moment de la révolution, la terre de Vaurseine appartenait à M. de Belzunce, déjà seigneur de Neuville.

# BERRIEUX.

Berrieux est un petit village situé à la distance de cinq lieues environ à l'est de la ville de Laon, et bâti au pied des dernières collines sablonneuses qui dominent de ce côté les plaines crétacées de la Champagne.

Le premier seigneur connu de Berrieux est un certain Gaucher, dont le nom figure avec celui de sa femme Marguerite sur deux actes des années 1172 et 1174.

Vient ensuite un Théodoric ou Thierry, qualifié de sire de Berrieux en 1190.

Jean de Montchâlons, l'un des puînés de Payen, seigneur de ce village, succéda dès 1192 à Théodoric dansla possession de la terre de Berrieux, sans que rien fasse deviner comment il en devint propriétaire. On ne peut même supposer que ce fut par alliance, car sa femme Marie était la fille de Gaucher de Montchâlons, seigneur de Mauregny. Nous ne savons pas mieux de quelle manière il brisa ses armes pour les distinguer de celles des autres branches de sa famille. Jean n'eut, paraît-il, de sa femme, qu'un seul enfant nommé Gobert.

Gobert de Montchâlons prend, dès 1226, les titres de chevalier et de sire de Berrieux. Sa vie est inconnue; nous savons seulement qu'il mourut en 1237, laissant quatre enfants d'une dame nommée Elvide. Gilon mourut jeune; Gérard succéda à son père dans le domaine de Berrieux; Baudoin et Jean sont seulement connus par leurs noms.

Gérard, sire de Berrieux, n'a laissé aucune trace de ses actions. Nous ne savons si un nommé Baudoin, qui s'intitule après lui sire de Berrieux, était son fils ou son frère. Enfin, ce même Baudoin ou un autre personnage du même nom prend, en 1256, la qualité de seigneur de Berrieux dans un acte par lequel il abandonna avant de mourir, à l'abbaye de Vauclerc, trois setiers de blé, mesure de Berrieux, à lever chaque année sur le moulin de ce lieu (1).

Nous ne pouvons dire non plus si la quatrième branche cadette de la famille de Montchâlons établie à Berrieux s'éteignit dans ce Baudoin; car, après ce personnage, il existe sur

---

(1) Cartul. de Vauclerc.

notre liste des seigneurs de ce village une lacune assez grande, puisqu'elle s'étend jusqu'en 1324.

Ce domaine était alors possédé par Jean de Pagneux. Il tirait son nom de la ferme de Pagneux, qui était alors un petit fief noble relevant du château de Montaigu.

Cette nouvelle famille, qui d'ailleurs descendait peut-être d'un puîné des seigneurs de Montchâlons établi à Berrieux, posséda peu de temps ce domaine ; car, dès les dernières années du xive siècle, il était entré dans les mains de Jean de Tilloy, seigneur de Bourg-et-Comin.

Celui-ci paraît être devenu seigneur de Berrieux par suite de son alliance avec Marie de Montchâlons, descendante et héritière sans doute des seigneurs précédents.

Leur fils Gobert et leur petit-fils Jean de Tilloy, seigneurs de Berrieux, sont seulement connus par leurs noms. Toussaint, leur arrière-petit-fils, chevalier, était sire de Berrieux, Bourg-et-Comin, en 1430. Il n'eut qu'une fille nommée Marguerite, laquelle épousa Claude de Miremont, seigneur de Quatre-Champs.

La famille de Miremont est originaire d'Auvergne. Elle porte pour armes : *D'azur, au pal d'argent fretté de sable, accosté de deux fers de lance d'argent la pointe en haut et la bouterole d'or.*

Claude de Miremont, seigneur de Berrieux et de Quatre-Champs, eut quatre enfants de sa femme : Jean lui succéda dans la terre de Berrieux, Alard fut seigneur de Léry, un autre Jean devint seigneur de Gueux, le quatrième nous est inconnu.

Jean de Miremont, chevalier, seigneur de Berrieux, épousa en 1478 Eléonore de Brumières, dame de Trélon, Montigny-l'Allier, etc; il en eut un fils nommé Antoine, et trois filles.

Antoine de Miremont, chevalier, seigneur de Berrieux et de Montigny-l'Allier, fut capitaine d'une compagnie de 50 hommes d'armes et mourut en 1539. Sa femme Isabelle Desfossés, de Coyolles, lui apporta en dot les terres de Largny et Pisseleu, en Valois. Elle lui donna trois enfants : Louis devint seigneur de Quatre-Champs et alla s'établir en Champagne ;

Jean succéda à son père ; Elisabeth épousa Robert de Bossut, chevalier, seigneur de Saint-Etienne, Lierval et autres terres, maréchal héréditaire du Laonnois et bailli de Vermandois.

Jean de Miremont, chevalier, seigneur de Berrieux, prit pour femme Philippe de Bossut dont il n'eut que deux enfants : Guillaume, seigneur de Berrieux après lui, et Jean, qui fut capitaine légionnaire de Champagne.

Guillaume de Miremont, chevalier, seigneur de Berrieux, Belval, Saint-Etienne, Sainte-Geneviève et Lierval, comme héritier de son oncle Robert de Bossut, fut maréchal héréditaire du Laonnois, colonel des légionnaires du Vermandois et chevalier de Saint-Michel.

Guillaume de Miremont, après avoir l'un des premiers signé la ligue dans une assemblée de la noblesse réunie à Laon en 1577, fut, l'année suivante, député par elle avec Louis Duglas, seigneur de Ployart, aux états généraux qui allaient se réunir à Blois.

Le duc d'Anjou chercha alors et réussit à l'attirer dans son parti. Il le chargea de lever des troupes et lui donna le commandement de cent chevau-légers. Mais le roi ayant eu connaissance de cette commission, écrivit à Guillaume de Miremont pour lui défendre d'en rien faire, ordre auquel ce seigneur s'empressa d'obéir.

L'abbaye du Sauvoir-sous-Laon, habitée, comme on sait, par des filles, était alors agitée par des dissensions intestines. La belle-sœur de la dame de Renty était parvenue à s'en faire élire abbesse, malgré l'opposition du roi qui avait nommé à cette place la cousine du seigneur de Berrieux, Louise de Balzac. Mais la dame de Renty ne tenant aucun compte de cette nomination, avait comploté avec ses amis d'entrer, même de force, dans l'abbaye du Sauvoir, de s'y installer et d'y exercer les fonctions d'abbesse, avant que les bulles du pape confirmatives de la nomination de Louise de Balzac ne fussent arrivées. Pour empêcher l'exécution de ce complot, le roi envoya à Guillaume de Miremont l'ordre d'occuper l'abbaye du Sauvoir avec des hommes armés et de s'opposer aux tentatives des amis de la dame de Renty. On vit donc des hommes d'armes guerroyer contre de faibles nonnes et les empêcher de recevoir parmi elles la supérieure qu'elles s'étaient choisie : affaire bizarre qui n'est pas le trait le moins curieux de ces temps d'anarchie.

Guillaume de Miremont mourut peu de temps après, laissant seulement deux enfants de sa femme Isabelle de Saint-Blaise. David lui succéda ; Paul devint seigneur de Montigny-l'Allier.

David de Miremont, chevalier, seigneur de Berrieux, Belval, Goudelancourt, Lierval, baron de Montaigu, vicomte et châtelain d'Aizelles, haut justicier de Saint-Erme, Outre et Ramecourt, maréchal héréditaire du Laonnois, capitaine de 200 hommes de pied, gentilhomme ordinaire de la chambre, épousa, en 1593, Marguerite d'Elbenne qui lui donna une nombreuse postérité : Philippe suit ; Pierre-Guillaume embrassa la carrière ecclésiastique et devint grand archidiacre d'Albi ; Jean-Charles fut seigneur de Blérancourt (1) ; Alphonse, chevalier de Malte, devint grand prieur de Champagne ; François ; un autre François, seigneur de Saint-Etienne ; Elizabeth épousa Thomas de Bouvans, baron de Saint-Julien ; Louise-Diane fut femme de Charles d'Apremont ; enfin trois autres filles qui entrèrent au couvent.

Philippe ou Philibert de Miremont, seigneur de Berrieux, maréchal héréditaire du Laonnois, gentilhomme de la chambre, fut nommé au gouvernement d'Epernai. Il épousa Marie-Thérèse de Conflans, qui ne lui donna pas d'héritiers. Sa succession revint à François, son quatrième frère.

François de Miremont, seigneur de Berrieux, fut capitaine des chevau-légers d'Anjou. Il eut de sa femme, Madeleine de Chambly, Joseph qui mourut sans alliance, Alphonse qui lui succéda dans ses domaines, Alexandre qui devint seigneur de Saint-Etienne-sur-Suippe, Pierre-César qui entra dans l'ordre de Malte, Appoline et Isabelle qui moururent sans alliance, Madeleine et Marie-Thérèse qui prirent le voile aux carmélites

(1) Le Nobiliaire de Champagne, t. 2, dit qu'il se fit religieux.

de Reims, enfin Marguerite qui se fit religieuse à Saint-Etienne de cette ville.

Alphonse de Miremont succéda à son père dans la propriété du domaine de Berrieux, vers 1677. Il fut capitaine au régiment de Lagny et épousa Charlotte Goujon de Condé. Ses enfants furent : Charles-Alphonse qui suit, et Charles-François qui devint seigneur de Saint-Etienne.

Charles-Alphonse de Miremont, seigneur de Berrieux, Aizelle, baron et châtelain de Montaigu, prit pour femme Marie-Françoise de Fay d'Athies, qui lui apporta en dot la terre de Goudelancourt. De cette union naquirent quatre enfants : Joseph mourut jeune, Alphonse-César-Emmanuel succéda à son père, Thomas-Exupère devint baron de Montaigu et seigneur de Mauregny, Elisabeth-Françoise prit le voile à Saint-Etienne de Reims.

Alphonse-César-Emmanuel de Miremont, seigneur de Berrieux, Belval, Goudelancourt, etc., entra d'abord dans l'ordre de Malte ; mais à la mort de son frère, vers 1739, il s'en retira pour recueillir son héritage. De sa femme Marie-Madeleine Moët, il eut deux enfants : Jean-François-Charles-Alphonse, et Alphonse-François-David.

La terre de Berrieux était encore dans cette maison au moment où éclata la révolution française.

# NEUVILLE.

Ayant publié à part une notice historique sur le village de Neuville-en-Laonnois, nous croyons tout-à-fait inutile de la reproduire ici. Nous nous contenterons seulement d'en corriger le passage relatif à celui de ses seigneurs qui sortait de la maison de Montchâlons.

Trompé par l'identité des noms, comme André Duchesne le fut également, mais dans un sens inverse, identité qui fait souvent le désespoir des généalogistes et qui a toujours causé

de nombreuses erreurs, nous avons dit qu'il n'y eut point de
Simon de Montchâlons seigneur de Neuville à la fin du XII<sup>e</sup>
siècle, et que celui qu'on voit alors figurer en cette qualité,
n'était autre que Simon de Montaigu, fils de Guyart II de
Montaigu, seigneur de Neuville.

C'était là une erreur. Des titres nouveaux que nos recher-
ches nous ont fait découvrir depuis, prouvent que Simon de
Montaigu, seigneur de Neuville, mourut vers 1183, soit sans
postérité, soit laissant une fille qui aurait apporté en dot le
domaine de Neuville à un autre Simon, fils puîné de Clarembaud II, seigneur de Montchâlons.

Celui-ci mourut vers 1196, comme nous l'avons dit, sans
héritier; car Alain, surnommé de Roucy, n'était pas son fils,
mais bien d'Hugues, seigneur de Pierrepont (1). Il n'est pas
facile de dire de quelle manière Alain devint seigneur de
Neuville. Peut-être que sa femme, nommée Mathilde, n'était-elle
autre que la sœur de Simon de Montaigu, seigneur de Neuville,
laquelle, après être devenue veuve de Bernard, seigneur
d'Autremencourt, peut avoir convolé en secondes noces avec
Alain de Roucy, et lui avoir apporté en dot le domaine de
Neuville.

Pour tout le reste, nous renvoyons à notre notice historique
sur ce village.

# BOUCONVILLE.

Bouconville est un fort village construit au pied d'une colline escarpée dans le haut de la vallée de l'Ailette, à cinq
kilomètres au sud-est de Montchâlons.

C'était originairement, paraît-il, une terre relevant des
archevêques de Reims, l'un desquels la donna sans doute

---

(1) Il est dit fils d'Hugues, seigneur de Pierrepont, dans un titre de
l'abbaye de Saint-Vincent de Laon en date de 1208, cité dans une note de
la collection de D. Grenier.

en fief, avant le XIIe siècle, à quelque seigneur du voisinage. Il est certain du moins que, dès le commencement de ce siècle, le domaine de Bouconville était possédé par une famille portant le nom de ce village, mais dont un seul membre est connu. On l'appelait Raoul, et il vivait en 1148.

Bouconville passa, peu d'années après, à Guyard de Montaigu, seigneur de Neuville, probablement par sa femme nommée Mélissende, fille et héritière de ce Raoul; puis ensuite il entra dans les mains des seigneurs de Montchâlons et y resta jusqu'à Payen, lequel, à sa mort, le laissa indivis entre son gendre, Pierre de Braine, et son fils aîné Clarembaud.

Celui-ci racheta ou hérita plus tard de la moitié échue à son beau-frère; car, dans le partage de ses biens fait entre ses enfants, il donna le domaine de Bouconville tout entier à Gobert, son fils puîné, lequel devint ainsi la souche d'une sixième branche cadette de la maison de Montchâlons.

Gobert de Montchâlons, seigneur de Bouconville, paraît avoir brisé les armes de sa famille *d'un lambel de gueules bizaudé d'argent.*

Ce sont du moins les armes qu'André Duchesne donne à un nommé Robert, prétendu fils de Gobert II, seigneur de Bouconville, lequel Robert n'est autre que Gobert III, les écrivains du moyen-âge étant dans l'habitude de dire indifféremment Robert ou Gobert, en parlant du même personnage (1).

Avant de rapporter la suite des seigneurs de Bouconville, il convient de dire quelques mots d'une contestation que les habitants de ce village eurent en 1192 avec les religieux de Vauclerc, cette querelle étant leur premier signe de vie.

Indépendamment de la pâture dans les prés et les bois de l'abbaye, ils prétendaient encore à la glandée et à la récolte des faînes *(fagena)* dans ces mêmes bois. Ces deux articles avaient alors une haute importance; car, si la viande du porc qui se nourrit de glands entrait à cette époque pour une large part dans l'alimentation publique, la faîne était à peu près aussi

(1) Maison de Châtillon, p. 719.

le seul fruit qui fournît alors l'huile nécessaire aux usages domestiques.

Les moines connaissaient et appréciaient mieux que personne la valeur de ces objets; aussi en contestaient-ils vivement la jouissance aux habitants de Bouconville. Ceux-ci ne pouvant lutter contre plus forts qu'eux, se trouvèrent dans la nécessité de reconnaître n'avoir d'autre droit que celui de la pâture pour leurs animaux dans les prés et les bois de l'abbaye.

Gobert de Montchâlons ne paraît pas avant 1239 comme seigneur de Bouconville. Cette année, il vendit à l'abbaye de Saint-Martin de Laon la rente de deux muids et demi de froment qu'il percevait chaque année sur les moulins de Bièvre et de Lannoit, appartenant aux moines de cette maison religieuse, lesquels lui donnèrent en échange quatre *jougs* et dix livres parisis (1).

Sept ans après, Gobert accorda à l'abbaye de Foigny l'usage des pâtures de Bièvre et d'Orgeval (2), car, indépendamment de la terre de Bouconville, il possédait encore les domaines d'Aubigny, Orgeval et Bièvre. Ce dernier lui avait été apporté en dot par sa femme Ade, fille et héritière de Thierry, seigneur de Bièvre et d'Ade de Coucy (3).

Ade figure dès 1239 comme femme de Gobert de Bouconville. Avant d'épouser cette dame, il avait contracté une première alliance avec Isabeau, fille de Jean de Cerny, sire de La Bove, laquelle lui avait déjà donné en dot ce domaine peu considérable alors, mais dont les seigneurs issus de lui effacèrent, comme nous le dirons par la suite, ceux de toutes les autres branches de sa maison (4).

(1) Cartul. de Saint-Martin, t. 1, p. 267.
(2) Cartul. de Foigny.
(3) Cartul. de Thenailles, f° 48, verso.
(4) André Duchesne (*loco citato*), dit qu'Isabeau de La Bove fut femme de Gobert II, seigneur de Bouconville. C'est là une erreur évidente; car, dans un acte de 1255, Ade se dit veuve de Gobert de Montchâlons et *dame de La Bove*. Comment cette dame eût-elle été dame de La Bove, si cette seigneurie n'avait été donnée qu'à son fils?

Gobert Iᵉʳ, seigneur de Bouconville, était mort avant 1255, sa femme Ade se disant veuve de lui cette année. Nous sommes incertains s'il eut un seul ou plusieurs enfants; car, indépendamment de Gobert qui figure dès 1239 sous le nom de Gobin, parce qu'alors il n'était encore qu'un enfant, nous trouvons, sur une oharte de 1246, un certain Pierre de Montchâlons qualifié du titre de seigneur de Bouconville.

Quant à Gobin ou Gobert II, il ne peut y avoir d'incertitude à son égard. Il était bien le fils du précédent et il possédait la terre de Bouconville dès 1259, puisque, dans un acte de cette année, il s'intitule Gobert, damoiseau, seigneur de Bouconville (1).

La vie de Gobert II, seigneur de Bouconville et Bièvre, est entièrement inconnue. Il avait épousé une dame nommée Mathilde ou Mahaut, qui lui apporta en dot le domaine de Ville-sur-Tourbe. Il en eut trois enfants : Jean, Gérard sur lequel on ne sait rien, et Isabeau qui épousa Gilles de Foencamp (2).

Jean hérita de la totalité de la succession paternelle, bien que dans cette famille il fût d'usage de doter les puinés. Gérard vivait encore en 1320, au rapport de Duchesne.

A partir de cette époque jusqu'à la révolution française, la terre de Bouconville n'a pas cessé d'appartenir aux seigneurs de La Bove. En donnant la liste de ces derniers, nous donnerons donc celle des seigneurs de Bouconville. Nous y renvoyons pour ne pas nous répéter.

L'un de ceux-ci, Louis de Proisy, seigneur de La Bove et de Bouconville, obtint du roi, en 1553, l'établissement d'une

---

(1) *Ego, Gobertus, domicellus, dominus de Bouconvillâ.* (Cartul. de Saint-Martin, t. 1, p. 275.)

A. Duchesne, *(loco citato)*, donne trois autres enfants à Gobert Iᵉʳ de Bouconville, savoir : N., qui aurait épousé Guillaume du Sart, seigneur de Rogécourt; N., alliée à Jean de Hondescote, et N., fiancée à Mathieu de Parpes. Nous soupçonnons là quelque confusion.

(2) Il est évident qu'André Duchesne fait, sous les noms de Gobert II et Gobert III, deux personnages différents d'une seule et même personne.

foire annuelle et d'un marché chaque semaine à Bouconville (1).

Madame de Narbonne-Lara, qui posséda en dernier lieu la seigneurie de Bouconville avec celle de La Bove et autres, fonda un petit hospice dans ce village en 1786. Elle en confia la direction à trois sœurs de charité de Paris, dont deux étaient chargées de soigner les malades et de leur donner gratuitement tous les médicaments dont ils pouvaient avoir besoin; la troisième était affectée à l'instruction également gratuite des jeunes filles pauvres de Bouconville. Ces utiles institutions ont disparu dans la tourmente révolutionnaire et ne sont point encore remplacées.

# COURTRIZY.

Courtrizy est un petit village caché au fond d'une gorge humide et boisée qui s'ouvre au nord sur les plaines de la Thiérache, entre Montaigu et Coucy-lès-Eppes.

Ses seigneurs sont inconnus avant Albéric, quatrième fils de Clarembaud II, seigneur de Montchâlons.

On ne peut dire à quel titre Albéric de Montchâlons posséda la terre de Courtrizy. Fut-ce par héritage? ou bien épousa-t-il l'héritière des premiers seigneurs de ce village? Ce sont là des questions auxquelles il est impossible de répondre.

Nous ne savons pas mieux de quelle manière il brisa les armes de sa famille; car on ne saurait douter qu'il suivit l'usage général à cet égard.

Albéric Ier de Montchâlons figure dès 1205 comme seigneur de Courtrizy. En 1217, il fonda son anniversaire dans l'église de Saint-Vincent de Laon, en lui donnant cinq muids de vin blanc à prendre chaque année sur son vinage de Courtrizy.

Dix ans après, Albéric vendit au chapitre de Laon tout ce qu'il possédait à Martigny, à Courpierre, à Chavaille, tant en

(1) Trésor des chartes, regist. 262, n° 193.

hommes et femmes de corps qu'en vicomté, cens, vinage, justice, etc. (1).

L'année suivante, s'apprêtant à partir pour la Terre-Sainte, il fit, selon l'usage, une aumône à l'une des maisons religieuses de la contrée. Il donna à cet effet à l'abbaye de Foigny une terre arable située à Festieux (2).

Albéric revint heureusement de cette lointaine expédition, mais ne lui survécut que peu d'années. Il paraît être descendu dans la tombe en 1234, comme semble l'indiquer la donation considérable qu'il fit cette année à l'abbaye de Foigny. Il lui laissa six muids et demi de bois avec un moulin à eau sis à Courtrizy, deux viviers et les prés voisins (3).

Dans cet acte, Albéric I$^{er}$ est appelé *le vieux (senior)*, pour le distinguer de son fils du même nom que lui, qui tenait dès lors le domaine de Courtrizy. Ce dernier y est désigné sous le surnom de *le jeune (junior)*.

De sa femme, Comtesse de Beaune, Albéric I$^{er}$ laissa trois enfants : Albéric lui succéda dans ses domaines ; Gérard n'est connu que par son nom et vivait encore en 1242 ; Marie est également inconnue.

Deux actes de la vie d'Albéric II de Montchâlons, seigneur de Courtrizy, sont seuls parvenus à notre connaissance. Par le premier, il donna en aumône à l'abbaye de Saint-Martin de Laon, les six jallois de froment que cette maison devait lui livrer annuellement sur son moulin de Lannoy, près de Vaurseine ; il lui abandonna de plus, pour le salut de son âme, un muid de blé à prendre sur son moulin de Courtrizy (4).

Trois ans après, il servit d'arbitre dans une querelle qui s'était élevée entre Gilles de Roisi, tuteur et beau-père de Jacques de Montchâlons et cette même abbaye de Saint-Martin, à propos de la rente de quatre-vingts sous parisis légués à cette

(1) Cartul. de l'église de Laon.
(2) Cartul. de Foigny.
(3) Cartul. de Foigny, f° 155.
(4) Cartul. de Saint-Martin de Laon, p. 270.

maison religieuse par Jacques I<sup>er</sup>, seigneur de Montchâlons, rente que Gilles de Roisi refusait de servir. Malgré la parenté qui l'unissait à ce dernier, Albéric de Courtrizy n'hésita pas à le condamner, action qui prouve en faveur de son impartialité (1).

Albéric II, seigneur de Courtrizy, était mort en 1260, laissant trois enfants d'une femme dont on ignore le nom. Jean lui succéda sans doute, mais on ne sait de lui que son nom ; Ponce épousa une dame nommée Lucie ; Comtesse fut alliée à Guy d'Oulches.

A partir de ce moment, il existe de grandes lacunes dans la liste des seigneurs de Courtrizy. Il faut arriver à 1371 pour en trouver un du nom d'Anselme, personnage dont la parenté avec les précédents ne peut être établie. Françoise Mouet ou Moët se dit ensuite, c'est-à-dire en 1555, dame de Courtrizy, et en 1556 elle apporta ce domaine en dot à un certain Lancelot de Blois, trésorier général de Champagne. Nous ignorons si la terre de Courtrizy passa à leur enfant nommé Lancelot comme son père ; mais Françoise Moët étant devenue veuve, convola en secondes noces avec Jacques de Riencourt, seigneur de Parfondru. Au commencement du XVII<sup>e</sup> siècle, le domaine de Courtrizy était passé dans la maison Le Danois, famille anciennement établie dans le pays et qui portait pour armes : *De sable, à la croix d'argent fleuronnée d'or.*

Enfin, au moment de la révolution, Courtrizy était possédé par le comte de La Marche.

# CILLY.

Le village de Cilly est bâti sur la rive droite de la Serre, à cinq kilomètres environ à l'est de la ville de Marle.

De même que la plupart des autres villages de nos pays,

---

(1) Cartul. de Saint-Martin, p. 271.

Cilly eut sans doute aussi de bonne heure des seigneurs particuliers; mais on n'en connaît point avant Clarembaud de
Montchâlons, fils puîné de Barthélemi de Montchâlons, seigneur
de Bosmont.

On ne peut dire comment Clarembaud devint seigneur de
Cilly, si toutefois il n'en hérita pas de son père; car les villages
de Bosmont et de Cilly sont si voisins, que celui-ci peut bien
en avoir réuni les deux seigneuries dans ses mains.

Pour différencier ses armes de celles de la branche aînée
de sa famille, Clarembaud paraît s'être contenté d'en retrancher
la fleur-de-lys de gueules posée en chef. C'est ainsi du moins
que sont figurées les armes d'un Pierre, chevalier de Malte
en 1544, issu des seigneurs de Cilly.

On ne connaît qu'un seul acte de Clarembaud de Montchâlons,
seigneur de Cilly. C'est, comme toujours, une libéralité faite
à l'une des communautés religieuses établies dans la contrée.
En 1168, il donna à l'abbaye de Saint-Vincent de Laon la
la terre qu'il possédait à Dormicourt.

Nous ne savons si un Clarembaud, qui figure comme seigneur
de Cilly dans deux actes en date de 1222 et 1226, est encore
ce même personnage, ou s'il était son fils; mais nous voyons
que ce dernier eut un enfant nommé Hugues, lequel se dit
chevalier *des Prés*, et fut marié à une dame du nom d'Aélide.

Nous trouvons ensuite, en 1236, un Guillaume de Cilly, issu
évidemment des seigneurs précédents, mais dont la parenté
ne peut être établie.

Entre cette année et celle de 1340, où l'on voit la terre de
Cilly en possession des sires de La Bove, il existe sur notre
liste des seigneurs de Cilly une lacune d'un siècle que, jusqu'ici, aucune recherche n'a pu nous faire combler. Nous ne
pouvons donc dire comment et en qui s'est éteinte la branche
de la maison de Montchâlons établie à Cilly dès le milieu du
XIIe siècle.

Gobert III de Montchâlons, sire de La Bove et Bouconville,
devint, paraît-il, seigneur de Cilly par acquisition. Il passa
ce second domaine à son fils puîné Gobert qui, en 1400,

devint encore seigneur de La Bove, Bouconville, Montchâlons et Ville-sur-Tourbe, par suite de la mort de son frère aîné Jean, décédé sans postérité.

Après la mort de ce Gobert, quatrième du nom, sire de La Bove, arrivée en 1415, les terres de Cilly et Bouconville échurent à son second fils nommé Gobert comme lui. Celui-ci épousa une dame dont le nom est ignoré. Elle lui donna trois enfants : Jean lui succéda dans le domaine de Cilly; Marguerite épousa Geoffroy, sire d'Orne; Jeanne fut alliée à Gobert, seigneur d'Apremont.

On ne connaît pas l'alliance de Jean, seigneur de Cilly. Il en sortit trois enfants dont l'un, nommé Jean comme son père, lui succéda dans la propriété de ce domaine.

Jean II de Cilly n'ayant eu qu'un seul enfant de sa femme Anne de Laval, duchesse de Châteaubriant, lui donna la terre de Cilly et se réserva celle de Bosmont, qu'il vendit en 1447 à un bourgeois de Paris.

Cet enfant se nommait Gobert. De sa femme dont le nom est ignoré, celui-ci n'eut lui-même qu'un fils nommé Roland ou Ferry (1).

Roland de La Bove fut seigneur de Cilly, Etréaupont, Bligny, prévôt héréditaire du Laonnois, et mourut en 1578. Il épousa Yolande de Proisy et n'en eut que deux filles, de sorte que cette branche cadette de la maison de Montchâlons tomba en quenouille à son tour. L'aînée, Jacqueline, fut alliée à Claude de Varluzel et lui apporta en dot la terre de Cilly; Anne, la seconde, épousa Charles de Fay d'Athies, seigneur de Bray.

Claude de Varluzel, seigneur de Cilly, et Jeanne de La Bove, sa femme, n'eurent également qu'une fille nommée Anne, qui épousa Gérard de Fay d'Athies, seigneur de La Neuville-Bosmont, et lui porta à son tour le domaine de Cilly.

(1) Peut-être que Pierre de La Bove-Cilly, chevalier de Malte en 1544, dont nous avons précédemment parlé, était un second fils de Gobert, seigneur de Cilly.

La famille de Fay d'Athies est originaire du Santerre et tire son nom de la terre de Fay située dans ce pays. L'un des puînés de cette maison s'établit à Puisieux dans les premières années du xvᵉ siècle, et c'est de lui que sortait la branche fixée à La Neuville-Bosmont. Les armes de la maison de Fay d'Athies étaient : *D'argent, semé de fleurs-de-lys de sable.*

La terre de Cilly passa, après la mort de Gérard de Fay d'Athies, à André, son fils aîné, lequel à son tour la donna à son puîné nommé Claude.

Claude de Fay d'Athies, seigneur de Cilly, connu sous le nom du marquis de Cilly, passa toute sa longue carrière dans le métier des armes. D'abord capitaine de dragons, puis brigadier des armées du roi, maréchal-de-camp et enfin lieutenant-général, il combattit avec une telle distinction à la bataille d'Almanza, en Espagne, qu'il fut choisi pour en porter la nouvelle à Louis XIV. Plus tard, il prit une part glorieuse à l'attaque de Fontarabie, et on lui donna le commandement d'un corps de troupes considérable pour couvrir les opérations du maréchal de Berwick. En 1734, il se disposait, malgré son grand âge, à faire la campagne d'Allemagne sous ce même général, quand une blessure grave causée par une chûte de cheval l'obligea à prendre sa retraite. Il mourut en 1737, âgé de quatre-vingts ans, au moment où il était question de récompenser ses longs et honorables services par le cordon bleu et le bâton de maréchal de France.

Claude de Fay d'Athies, seigneur de Cilly, avait épousé Anne Bezard. Il en eut une fille nommée Marie-Elizabeth, qui fut alliée à Annet-Bonaventure de Brachet, comte de Marlaurent.

Quatre enfants sont issus de cette union : l'aîné, Claude de Brachet, eut d'abord la terre de Cilly; mais elle passa plus tard, semble-t-il, à son frère Gilbert, qui fut connu sous la dénomination de chevalier de Floressac.

# LA BOVE.

La Bove est aujourd'hui une simple ferme dépendant de Bouconville ; c'était autrefois une terre seigneuriale considérable. Un château-fort y fut construit dès le XIIᵉ siècle ; mais détruit pendant les guerres qui suivirent cette époque, il n'en reste plus maintenant que de faibles vestiges.

Selon l'historien de la province de Reims, la terre de La Bove appartenait originairement aux archevêques de cette ville. L'un d'eux l'aurait donnée en fief, dans le courant du XIIᵉ siècle, à un seigneur nommé Robert, sous la condition qu'il défendrait à l'avenir contre toute espèce d'ennemis les biens de son église situés au voisinage.

Mais, comme il n'arriva que trop souvent, Robert, à peine investi de ce domaine, devint aussitôt l'un des plus acharnés spoliateurs de l'église de Reims. Il commença par faire construire un château-fort à La Bove, et s'élançant chaque jour à l'improviste de l'intérieur de ce repaire, placé comme un nid d'aigle au sommet d'une haute colline d'où l'on domine les plaines de la Champagne, il se mit à piller tout à la fois et les domaines de l'église de Reims qu'il s'était engagé à garantir de toute violence, et ceux du chapitre de Laon, qui en étaient voisins.

Entre deux communautés religieuses aussi puissantes et Robert de La Bove, la lutte était trop inégale. Aussi ce dernier se vit-il bientôt réduit à demander grâce ; car les foudres de l'excommunication, bien plus terribles alors que l'épée, ne tardèrent point à le frapper. La royauté qui, en ce temps là, jouait le rôle de médiatrice dans toutes les querelles des seigneurs entre eux, intervint à son tour en 1164 et lui imposa un accommodement. Robert dut payer au seul chapitre de Laon, pour l'indemniser des ravages qu'il avait faits sur ses terres, la somme alors considérable de 800 livres de Provins.

Robert, premier seigneur laïc de La Bove, fut sans doute marié ; mais on ignore le nom de sa femme. On ne peut donc affirmer qu'un autre personnage qui prend après lui le titre de sire de La Bove ait été son fils ; cela est seulement vraisemblable.

Celui-ci se nommait Enguerrand. Il nous est connu par un acte de 1185, dans lequel il déclare, du consentement de sa femme Elizabeth, franc et quitte de tout droit, ce que les religieux de Vauclerc avaient acheté à Vassogne (1).

Après lui, un nommé Gérard, prévôt de Reims, se dit sire de La Bove en 1207.

Il eut cette année, avec le chapitre de Reims, des querelles qui tournèrent à sa confusion, résultat ordinaire, comme nous l'avons déjà fait remarquer, des débats qui s'élevèrent au moyen-âge entre les clercs et les laïcs.

Gérard, en sa qualité de prévôt de Reims sans doute, avait arrêté un serviteur des chanoines de cette ville. Cet acte portait une grave atteinte aux immunités des gens d'église, immunités qui s'étendaient à leurs serviteurs, car, seuls ils avaient le droit de les arrêter et de les punir. Gérard fut obligé de se soumettre aux formalités humiliantes de la réparation due au chapitre de Reims. On le vit donc assister, en compagnie de trois de ses serviteurs coupables de cette arrestation, à une messe solennelle, suivre ensuite la procession du clergé, la tête et les pieds nus, en chemise et en braie, et recevoir à la fin du semainier la discipline avec une verge sur les épaules.

La première famille héréditaire des sires de La Bove paraît s'être éteinte dans ce Gérard ; car on trouve que, peu d'années après, ce domaine appartenait à un seigneur issu d'une autre famille, puisqu'il portait un autre nom.

Celui-ci se nommait Jean de Cerny. Selon toutes les vraisemblances, il descendait de la maison de Cerny-lès-Bucy, près de Laon, maison dont quelques titres attestent l'ancienne

_____

(1) Cartul. de Vauclerc.

4

importance, mais qu'on ne peut encore que soupçonner (1).

Jean de Cerny n'eut qu'une fille nommée Isabeau ou Isabelle, laquelle épousa Gobert de Montchâlons, seigneur de Bouconville, et lui apporta en dot la terre de La Bove.

Cette dame était morte avant 1239, puisqu'on voit une autre dame se dire cette année femme de Gobert de Montchâlons, seigneur de Bouconville. Gobert mourut à son tour vers 1254, ne laissant, paraît-il, qu'un seul enfant de sa première femme et portant le même nom que lui.

Celui de Gobert II figure sur différents actes entre les années 1259 et 1300, qui fut celle de sa mort (2). De sa femme nommée Mahaut ou Mathilde qui lui apporta en dot le domaine de Ville-sur-Tourbe, il eut trois enfants : Jean, Gérard ou Bérard, et Isabeau. Cette dernière fut alliée à Gilles de Foencamp.

Gérard paraît n'avoir rien eu de la succession paternelle, car Jean, son aîné, la recueillit tout entière. Le premier il prit le surnom de *Barat*, que ses descendants ont continué de porter après lui.

On ne connaît qu'un seul acte de la vie de Jean Ier de Montchâlons, sire de La Bove et Bouconville, mais il est curieux ; il concerne des débats qui s'élevèrent en 1334 entre lui, l'église de Saint-Martin de Laon et celle de Foigny. Il s'agissait de la vente des biens d'une femme nommée *la Savoureuse* de Bièvre, vente que le sire de La Bove avait fait faire et pour laquelle il refusait de payer des droits à ces communautés, parce que, disait-il, « il estoit en bonne saisine de tous les héritages » qui lui venoient et escheoient à cause de mainmorte ou d'es-

(1) Nous ne connaissons qu'un seul acte de Jean de Cerny, sire de La Bove. Il reconnut en 1236 ne posséder aucun droit de chasse dans le bois de Samoussy appartenaut aux moines de Saint-Martin de Laon.

(Cartul. de cette maison.)

(2) Gobert mourut le jour de saint Leu et fut enterré à Vauclerc, auprès de sa femme Mahaut de Ville-sur-Tourbe, décédée en 1277. Au siècle dernier, on voyait encore leurs tombes dans l'église de cette abbaye.

» traière, desoubs quelconques seigneurs qu'ils fussent, sans
» vente payer. » Mais voulant conserver la paix avec ces
maisons religieuses, il leur accorda cette année le pouvoir de
lever à l'avenir, sur toute espèce de vente, les droits accou-
tumés (1).

Jean, dit Barat, seigneur de La Bove, Bouconville et Ville-
sur-Tourbe, mourut en 1337 et fut enterré à Vauclerc auprès
de sa femme Maroie ou Marie de Clacy, qui l'avait précédé
dans la tombe dès 1321.

Il en avait eu quatre enfants : Gobert lui succéda dans la
majeure partie de ses domaines; Baudoin, capitaine de Reims,
fut seigneur de Vauclerc et de Ville-sur-Tourbe; Marguerite
épousa Jean, comte de Roucy; Marie fut alliée à Hugues de
Châtillon, seigneur de Villesavoye (2).

La vie de Gobert III, sire de La Bove, Bouconville, Cilly et
autres terres, grand bailli de Vermandois en 1351, est à peu
près inconnue. On sait seulement qu'il défendit Reims contre
les Anglais en 1359. Il mourut le 10 novembre de cette année
et fut, comme ses prédécesseurs, enterré à Vauclerc auprès
de sa femme Gillette des Creuttes (3), qui y reposait depuis
six ans déjà.

Il en avait eu quatre enfants : Jean lui succéda; Gobert fut
seigneur de Cilly; Robert épousa Agnès de Mauvoisin, et
devint par elle seigneur d'Apremont et prince d'Amblize;
Oudard est seulement connu par son nom.

Jean, dit Barat, II<sup>e</sup> du nom, chevalier, sire de La Bove,
Bouconville, Montchâlons, Ville-sur-Tourbe et Mauregny, fut

---

(1) Cartul. de Saint-Martin, t. 1<sup>er</sup>, p. 290.

(2) Cette dernière prend dans un acte le titre de dame de Taulette et de
Droisy. Nous ne savons si c'est elle qui épousa un Jean, chevalier, seigneur
de Thoulon, lequel se dit, en 1386, seigneur de Montchâlons par sa femme
Marie. (Voyez Montchâlons.)

(3) Duchesne (*loco citato*, p. 720), la nomme Gillette de Creulles ou
Creully. Cet écrivain avait mal lu le nom de cette dame sur sa tombe que
l'on voyait encore à Vauclerc avant la révolution. Il y était écrit Gillette
des Creuttes.

l'un des hommes de guerre les plus distingués du XIVᵉ siècle. Dès l'année 1373, il commandait une compagnie française de gens de pied, ce qui porta les habitants de Reims à l'élire capitaine de leur ville en 1382. Ses gages étaient considérables : ils s'élevaient à 600 francs d'or.

Ce seigneur contracta successivement deux alliances. Il épousa d'abord Jacqueline de Châtillon-Gandelus, qui mourut au mois de septembre 1393 sans lui laisser d'enfants ; Jean se remaria l'année suivante à Marie de Coucy, qui ne lui donna pas davantage de postérité. Il décéda lui-même en 1400, laissant tous ses biens à son frère Gobert, déjà seigneur de Cilly (1).

Gobert IV, sire de La Bove, seigneur de Cilly, Bouconville, Montchâlons et Ville-sur-Tourbe, bailli d'Amiens et gouverneur de Châlons, était à peine entré en possession des domaines de son frère, qu'il se trouva engagé dans un grand procès avec l'héritière de Bazoches. Voici à quelle occasion :

Jean, vidame de Châlons, sire de Bazoches et de Vauxéré, se voyant sans enfants de sa femme Béatrix de Roye, avait, au moment de sa mort qui arriva en 1395, passé tous ses domaines au frère aîné de Gobert, à Jean II de La Bove.

On ne connaît pas au vrai la cause qui inspira cette étrange résolution au sire de Bazoches ; car le seigneur de La Bove lui était étranger, tandis qu'il avait une sœur à laquelle, selon l'usage, tous ses biens devaient revenir. On l'attribua généralement à un dérangement du cerveau occasionné par le profond chagrin que Jean de Bazoches avait conçu par suite de la mort de sa femme ; mais il faut plutôt peut-être l'expliquer par la grande irritation qu'il nourrissait contre sa sœur, à cause qu'elle s'était refusée de se prêter à ses volontés. Celle-ci se nommait Isabeau et était alliée à un seigneur appelé Jean de Forges. Isabeau contesta vivement cette donation, prétendant qu'étant seule héritière naturelle et légitime du

(1) Jean II fut encore enterré à Vauclerc. Sa seconde femme Marie de Coucy mourut en 1401.

sire de Bazoches, ses biens devaient, selon l'usage, lui échoir en entier. Le parlement donna gain de cause à Isabelle, et par un arrêt en date du 10 septembre 1407, lui adjugea tous les biens en litige.

Gobert de La Bove, blessé de sa défaite, résolut de se venger. Dans ce but, il suscita à Isabelle un compétiteur redoutable dans Huguenin de Châlons qui, se disant le plus proche parent du vidame de Châlons, réclama aussitôt sa succession. Pour mieux réussir dans sa demande, Huguenin essaya de faire casser le mariage d'Isabelle, attendu qu'ayant été religieuse, elle n'avait pu contracter légalement, selon lui, une alliance de ce genre.

Isabelle avait en effet passé sa jeunesse dans l'abbaye de Notre-Dame de Soissons; mais ne se sentant aucune vocation pour l'état monastique, elle en était sortie malgré la volonté de son frère pour épouser Jean de Forges.

De vifs démêlés s'étaient alors élevés entre Isabelle et le sire de Bazoches, qui refusait de lui rien céder des biens paternels. Il finit cependant par lui en donner la troisième partie; mais cette restitution forcée l'indisposa sans doute assez profondément contre elle pour le porter, au moment de sa mort, à donner tous ses biens à un étranger.

Toutefois, Huguenin de Châlons échoua dans ses prétentions comme Gobert de La Bove avait échoué dans les siennes, et un arrêt du parlement adjugea définitivement, en 1408, tous les biens de Jean de Bazoches à sa sœur Isabelle (1).

On pense que Gobert IV de La Bove périt en 1415 à la bataille d'Azincourt. D'une dame dont le nom est resté ignoré, il laissa quatre enfants : Jean lui succéda dans ses domaines; Guillaume fut chanoine de Reims; Gobert eut en partage les terres de Cilly et Bouconville; Marguerite, inconnue à Duchesne, épousa Clarembaud de Proisy, fils puîné de Simon, seigneur de Proisy.

Les actions de Jean III, sire de La Bove, de Lizy, de Ville-

(1) A. Duchesne, *Maison de Châtillon*, p. 712.

sur-Tourbe, etc., sont inconnues. On sait seulement qu'ayant
été fait prisonnier par les Anglais en 1417, il fut obligé de
racheter sa liberté au prix de 4,000 écus.

C'est de son temps, paraît-il, que le château de La Bove
tomba aux mains des Anglo-Bourguignons. Cet évènement eut
lieu en 1430. Une partie de la garnison de Rethel, composée
de ces ennemis acharnés de la France, vint attaquer ce château
et s'en rendit maître après une défense assez vigoureuse. La
garnison qui occupait La Bove, coupable de s'être défendue,
fut tout entière attachée au gibet. Ce fut seulement onze ans
après, en 1441, que les troupes royales reprirent le château
de La Bove et délivrèrent le pays de la présence des Bour-
guignons qui y commettaient journellement d'horribles
violences.

On ignore le nom de la femme de Jean III, sire de La Bove,
et l'on ne sait pas exactement s'il en eut de la postérité.

Toutefois, nous avons trouvé une généalogie manuscrite
des seigneurs de La Bove, qui donne trois enfants à Jean III :
Philippe, le premier, lui aurait succédé dans la majeure
partie de ses domaines; Jean aurait eu pour sa part les terres
de Cilly et de Bosmont (1); Marguerite aurait épousé Enguerrand de Coucy, seigneur de Vervins.

Philippe, sire de La Bove, seigneur de Montchâlons, Bouconville et Mauregny, n'aurait laissé de sa femme dont le
nom est ignoré, qu'une fille, Marguerite, qui aurait épousé,
vers 1480, Léon de Proisy, fils d'Enguerrand de Proisy dont
nous avons parlé, et lui aurait apporté en dot la totalité des
domaines de son père.

Toute cette généalogie doit être considérée comme fort
suspecte; car elle est en contradiction avec les renseignements
précis que nous avons recueillis. Il est certain, en effet, que
le domaine de La Bove appartenait, en 1477, à Philippe de
Croy, puisque le roi Louis XI le saisit sur lui cette année pour

____

(1) Il y a ici erreur évidente, car la terre de Bosmont avait été achetée
en 1437 par Guillaume Sanguin.

le punir de sa révolte, et le donna à Hector de L'Ecluse, écuyer
d'écurie, en récompense de ses services.

Louis XI joignit à ce don celui des seigneuries qui dépendaient de La Bove, savoir : Montchâlons, Bouconville, Orgeval, Bièvre et Aubigny, tenues en fief de l'évêque de Laon,
Mauregny, Ville-sur-Tourbe, Saint-Leu-aux-Bois, Le Châtellier,
Mézières, Fonds-sur-Marne et leurs dépendances, se réservant
seulement la foi et l'hommage-lige, le ressort et la souve-
raineté de ces terres (1).

Le domaine de La Bove passa ensuite, sans que nous
puissions dire de quelle manière, dans les mains de Robert
de La Marck de Bouillon, prince de Chimay, qui le possédait
encore en 1489.

On le voit alors entrer dans la maison de Proisy, nouveau
changement dont les circonstances sont demeurées inconnues,
car il n'est pas plus certain que ce fut par acquisition que
par héritage, opinions contradictoires qui ont chacune leurs
partisans.

Un écrivain prétend que le domaine de La Bove fut acheté
en 1489 à Robert de La Marck, par Jean, seigneur de Proisy,
lequel se voyant sans enfants, l'aurait donné à son neveu Léon
de Proisy; mais nous ferons remarquer que Jean de Proisy
était mort avant 1480, évènement qui n'a pu lui permettre
de faire une acquisition neuf ans après.

Un autre écrivain assure à son tour que ce domaine fut
acheté, cette même année 1489, par Léon de Proisy lui-
même. Cette seconde opinion nous paraît plus vraisemblable.
C'est lui du moins qui, le premier, prend la qualité de baron
de La Bove. Léon de Proisy fut marié deux et peut-être trois
fois et eut trois enfants. Jean, son puîné, continua la branche
de la Bove.

La maison de Proisy portait : *De sable, à trois lions d'argent
armés et lampassés de gueules, posés 2-1.*

Jean de Proisy, seigneur de La Bove, se distingua dans la

(1) Registres du parlement dans D. Grenier, t. 195, f° 330.

carrière des armes et fut tué à la bataille de Pavie le 24 février 1525. Sa femme, Anne de Laval de Chelles, duchesse de Châteaubriant (1), ne lui ayant pas donné d'enfants, il institua pour son héritier son neveu François de Proisy, fils puîné de Louis son frère, seigneur de Proisy.

François de Proisy, seigneur de La Bove, chevalier de l'ordre du roi, remplit trois fois la charge de grand bailli de Vermandois, en 1570, 1577 et 1586. Il contracta successivement deux alliances qui lui donnèrent une nombreuse postérité. De sa première femme, Anne de Bossut-Longueval qu'il épousa en 1553, il eut quatre enfants : Louis lui succéda dans le domaine de La Bove; Isabeau épousa Henri de Mazencourt, chevalier, seigneur du Plessis; Anne se fit religieuse; Claudine fut alliée à Jacques de Châtillon, seigneur de Marigny.

Il se remaria en 1575 à Marguerite de Cochet, veuve de Jacques de Fay d'Athies, seigneur de Marfontaine et Rougeries, laquelle lui apporta ces terres en dot. Elle lui donna aussi quatre enfants : Robert devint seigneur de Marfontaine, Rogny, La Capelle et La Flamengrie; Anne épousa Jérôme Cauchon, seigneur d'Avize; Marthe prit le voile monastique; Jean devint seigneur de Marfontaine et autres terres, après son frère mort sans postérité en 1641 (2).

Louis Ier de Proisy prend, dès 1604, le titre de baron de La Bove et de seigneur de Montchâlons, Bouconville, Bièvre,

(1) Nous la trouvons nommée ailleurs Françoise de Dinan, duchesse de Châteaubriant.

(2) La généalogie du P. Dagneau, p. 1146, diffère beaucoup de celle-ci. Selon lui, François de Proisy aurait eu de sa première femme, Louis, Claudine, Marie, femme de Claude du Châtelet, seigneur de Moyencourt; Madeleine, femme 1o de Claude Hurault, seigneur de Chevigny; 2o de Gaspard de Verdelet, seigneur de Villers-Saint-Georges.

De sa seconde femme qu'il nomme Marguerite de Beaumont, il aurait eu Jean, seigneur de Neuville, David, seigneur d'Eppes, un autre Jean, seigneur de Morgny, et un troisième Jean, seigneur de Marfontaine.

Nous avons lieu de croire notre liste plus exacte.

Orgeval, Neuville, Oulches, Jumigny, Vassogne, Morgny, etc.
Il épousa Louise Legris qui lui donna un garçon et six filles :
Louis lui succéda dans ses domaines; Françoise fut alliée à
Nicolas de Bocan; Madeleine épousa Claude Huraut, seigneur
de Reuil; Marie fut conjointe avec Claude du Châtelet, seigneur
de Moyencourt; les trois autres filles se firent religieuses (1).

Louis II de Proisy succéda à son père vers 1628. Il était
capitaine d'une compagnie française, baron de La Bove,
seigneur de Bouconville et en partie d'Arrancy par sa femme
Marie le Danois. Il n'en eut qu'une fille nommée Françoise.
Louis mourut vers 1644, et en lui s'éteignit la branche cadette
de Proisy, dont les membres avaient possédé le domaine de
La Bove pendant environ cent cinquante ans.

Sa fille le porta en mariage à Denis d'Ausbourg, marquis
de Villembray, descendant d'une ancienne famille originaire
de l'Amiénois, selon les uns, de Normandie, selon les autres.
Cette famille portait pour armes : *D'azur, à trois fasces d'or.*

Denis d'Ausbourg, marquis de Villembray, se dit, dès 1651,
baron de La Bove, châtelain de Montchâlons, seigneur de
Proisy, Bouconville, Orgeval et Bièvre. Il vivait encore en
1666, et eut plusieurs enfants de Françoise de Proisy, sa
femme. L'aîné, Augustin, lui succéda dans le domaine de
La Bove.

Augustin d'Ausbourg, baron de La Bove, marquis de Villembray, seigneur de Montchâlons, Bouconville et Bièvre,
prit pour femme Charlotte-Françoise de Brouilly et en eut
cinq enfants : François-Augustin lui succéda dans ses domaines;
Augustin-François fut connu sous la qualification de chevalier
de La Bove; Christine épousa N. Meunier, seigneur de Cilly;
Isabelle-Monique fut femme de Louis de Ligonier, lieutenant-
colonel du régiment de Touraine; Catherine resta fille.

François-Augustin d'Ausbourg, seigneur desdites terres,
fut colonel d'infanterie. Il épousa Madeleine Fougères de

(1) V. quelques détails sur Louis de Proisy dans notre *Notice historique
sur Neuville-en-Laonnois*, p. 19.

Courlandon, dont il n'eut également qu'une fille nommée Madeleine (1), comme sa mère, laquelle épousa Thomas-Exupert-François de Miremont, seigneur de Mauregny et baron de Montaigu. La privation de descendance mâle engagea François-Augustin d'Ausbourg à vendre, en 1719, la terre de La Bove.

C'était le temps où les financiers achetaient les plus beaux domaines de France. Gaspard-Hyacinthe de Caze, écuyer, trésorier des postes et intendant de Champagne, s'en rendit acquéreur moyennant la somme principale de cinq cent mille livres et un pot-de-vin de six mille livres. Ses armes étaient : *D'azur, au chevron d'or accompagné de deux losanges de même mis en chef, et en pointe d'un lion aussi d'or.*

En 1740, le roi confirma en faveur de Gaspard-Hyacinthe de Caze le titre de baronie que portait avant lui la terre de La Bove, dont dépendaient encore Bouconville, Juvincourt, Orgeval et Montchâlons. Ce financier y fit des dépenses considérables en embellissements et la rendit une des plus belles du pays.

De sa femme Henriette Wattelet, il eut un fils nommé Gaspard-Henri de Caze, lequel lui succéda en 1735. Celui-ci prit les titres de baron de La Bove, châtelain de Montchâlons, du grand et du petit Juvincourt, et de seigneur de Bouconville. Son fils nommé Gaspard-Louis vendit, en 1777, la terre de La Bove à la duchesse de Narbonne Lara, dame d'honneur de madame Adelaïde de France.

La duchesse de Narbonne garda ce domaine jusqu'à la révolution. Elle prenait les titres de baronne de La Bove, dame de Montchâlons, Chérêt, Bièvre, Orgeval, le grand et le petit Juvincourt, Mouchamp, Damery, Ramicourt, et pour moitié de Ployart et Arrancy.

(1) Madeleine d'Ausbourg fut une des femmes les plus distinguées de son temps. Elle a écrit un traité sur l'éducation des femmes, et sous le titre de *Mémoires de la marquise de Crémy*, elle a retracé les évènements de sa vie dans un style simple et plein de charmes.

# APREMONT.

C'est un hameau dépendant de Rosoy-sur-Serre. Il y avait autrefois un château-fort qui fut ruiné en 1551 par les Français, après qu'ils l'eurent enlevé de vive force aux Espagnols qui l'occupaient.

Ce château fut la résidence ordinaire des comtes d'Apremont, dont l'origine ne nous est pas connue avec certitude. Si l'on doit s'en rapporter aux généalogistes, ils seraient issus d'une famille de ce nom établie dans le duché de Bar dès le Xe siècle, et dont un membre serait venu se fixer dans nos contrées. Mais cette opinion nous paraît très-contestable, et il semblerait au contraire résulter des termes de plusieurs actes, que les seigneurs d'Apremont, près de Rozoy, sortaient de la maison de Sarbruck.

Il est d'ailleurs fort difficile de dresser sûrement la liste des seigneurs d'Apremont; car il existe en France plusieurs localités de ce nom, et l'on ne sait souvent de quels personnages les écrivains veulent parler, quand ils font mention d'un seigneur d'Apremont. Nous ne pouvons donc assurer la complète exactitude de la liste suivante, malgré tous les soins que nous avons mis à la dresser.

Cette famille d'Apremont portait pour armes, d'après Duchesne et Le Carpentier : *De gueules, à la croix d'argent.*

Le premier seigneur d'Apremont connu se nommait Gobert et vivait à la fin du XIIe siècle. Il eut deux enfants d'une dame dont le nom n'est pas connu. L'aîné Gobert lui succéda dans ses domaines; Jean le second serait allé s'établir dans le Cambraisis, d'après Le Carpentier (1), et y aurait épousé Yolande de Saint-Aubert.

Gobert II, seigneur d'Apremont, surnommé quelque part

(1) Histoire de Cambrai, t. 1, p. 106.

de Sarbruck, épousa vers 1223 Julienne de Rosoy, veuve de Gautier de Ligne. Il accompagna saint Louis en 1249, dans son expédition d'Egypte, et semble n'en être pas revenu. Il n'existait plus en effet en 1257, lorsque sa femme hérita du domaine de Château-Porcien, par suite de la mort de son frère Roger, seigneur de Rosoy-sur-Serre. Il en avait eu six enfants : Geoffroy et Gobert lui succédèrent l'un après l'autre. Jean fut prévôt de Montfaucon, Guy mourut jeune devant Tunis ; l'une des deux filles se fit religieuse, l'autre se maria en Espagne (1).

Geoffroy I$^{er}$, seigneur d'Apremont, n'eut pas de lignée de sa femme N., comtesse de Sallebruges (Sarbruck) (2), et ses domaines revinrent à son frère.

Gobert III souscrit dès 1251 en qualité de seigneur d'Apremont. Il épousa Agnès de Coucy-Vervins et en eut deux enfans : Geoffroy qui suit, et Thomas, seigneur de Chaumont-Porcien.

Geoffroy II avait succédé à son père dès 1280. Il prit pour femme Isabeau de Quiévrain, alliance qui lui valut, paraît-il, le titre de prince d'Amblize.

De cette union sortirent cinq enfants : Gobert succéda à son père ; Henri devint évêque de Verdun ; Geoffroy est inconnu, ainsi que les deux filles.

Gobert IV, sire d'Apremont et de Dun, épousa Marie de Bar. Nous ne savons s'il laissa des enfants ; mais en 1380, Jean de Mauvoisin, seigneur d'Araines, se dit de plus sire d'Apremont. Ce dernier ne laissa d'une dame dont le nom est ignoré qu'une fille nommée Agnès, laquelle épousa Robert de La Bove, troisième fils de Gobert III, sire de La Bove et Bouconville, et c'est par ce mariage que le domaine d'Apremont entra dans la maison de Montchâlons et devint ensuite l'apanage d'une branche cadette de cette famille.

Robert de La Bove, sire de Buzancy, baron d'Apremont et prince d'Amblize, se remaria en 1392 à Jacqueline de Coucy-

(1) *Le lignage de Coucy*, p. 32 ms.

(2) *Id. ibid.*

Vervins. De sa première femme il avait deux enfants : le premier se nommait Gobert et le second Edouard. Une Isabelle d'Apremont, vivant en 1405, laquelle épousa Philippe de Mirémont, seigneur de Quatre-Champs, était sans doute aussi sa fille.

Gobert, cinquième du nom, figure dans différents actes comme seigneur d'Apremont, entre les années 1420 et 1440. Il n'eut point sans doute de postérité de sa femme Jeanne de La Bove-Cilly, car ses domaines revinrent à son frère.

Edouard, sire d'Apremont, épousa, en 1446, Béatrix de Haraucourt, et de cette union sortirent trois enfants : Gobert lui succéda ; Enguerrand fut abbé de Saint-Martin de Metz ; Geoffroy devint seigneur de Sorci en Ardennes et fut la souche d'une nouvelle branche cadette de la maison de Montchâlons.

On ignore si Gobert, sixième du nom, seigneur d'Apremont, contracta une alliance ; mais il ne laissa point de postérité, puisque ce domaine revint à son neveu Jean, fils de Geoffroy d'Apremont, seigneur de Sorci, son frère.

Jean, seigneur d'Apremont, étant mort lui-même sans enfants de sa femme Claude de Coucy-Vervins, la terre d'Apremont entra, nous ne savons comment, dans la maison de Roucy, dont le chef était alors Amédée V de Sarbruck.

Après la mort de ce seigneur arrivée en 1525, ses domaines restèrent quelque temps indivis entre ses sœurs. Le partage ne s'en fit qu'en 1526. La terre d'Apremont échut avec Roucy, Pierrepont et autres, à Catherine, sa sœur aînée, veuve alors d'Antoine de Roye, seigneur de Muret. Elle en avait plusieurs enfants dont l'un, nommé Jean, mourut jeune, dit-on.

Nous ne savons donc si un personnage de ce nom, qui s'intitule peu-après seigneur de Vendy et d'Apremont, était cet enfant, mais cela est vraisemblable.

Quoi qu'il en soit, ce Jean, seigneur d'Apremont, n'eut de sa femme, Jeanne de Suigny, qu'une fille nommée Hélène, laquelle paraît avoir porté en mariage la terre d'Apremont à Bon de Roucy, seigneur de Thermes, puîné de Nicolas Ier de Roucy, seigneur de Manre.

De ces personnages le domaine d'Apremont passa à Charles

de Roucy, leur neveu, seigneur de Chastay, fils puîné de Nicolas II de Roucy, seigneur de Manre.

Charles de Roucy, seigneur de Chastay, figure comme seigneur d'Apremont entre les années 1582 et 1598. De sa femme Philippe Du Hautoy, il eut deux enfants. Réné et Charles (1).

Réné de Roucy vivait en 1620. Il épousa Anne de Florainville et en eut six enfants. Africain lui succéda dans ses domaines ; Isabelle fut donnée en mariage à Albert d'Orcy, baron de Bolandre ; Nicole fut femme de Louis d'Orcy, seigneur de La Neuville ; Catherine épousa Christophe de Pradines, seigneur de Bouconville, gouverneur de Sainte-Menehould ; Philippe fut alliée à Samuel d'Apremont, seigneur de Coulommes ; enfin, Antoinette se fit religieuse à Saint-Etienne de Reims.

Africain de Roucy, seigneur de Thermes et d'Apremont, épousa en 1625 Charlotte de Bandier, de laquelle il eut : Robert-Hubert, Ferdinand-Claude, et Anne qui fut prieure de la Colombe.

Cet Africain fut, dit-on, le dernier seigneur d'Apremont sorti de la maison de Roucy, soit que ses enfants soient morts jeunes, soit qu'ils aient vendu ce domaine. Toutefois, nous trouvons en 1680 un personnage nommé Charles d'Apremont, se disant comte de ce lieu, lequel semble être issu des seigneurs précédents ; mais la filiation ne peut être établie d'une manière sûre. Il avait épousé Louise-Diane de Miremont, fille de François de Miremont, seigneur de Berrieux.

Enfin, nous connaissons un Ferdinand et un Ferdinand-Gobert, son fils, tous deux comtes d'Apremont à la fin du XVIIe et au commencement du XVIIIe siècles. Descendaient-ils du précédent? Nous ne pouvons l'affirmer.

_____

(1) Moret de La Fayolle, dans son histoire généalogique de la maison de Roucy, p. 149, lui donne à tort quatre autres enfants ; ces derniers appartenaient à son fils Réné.

_____

Laon. Typ. de Ed. Fleury, imprimeur.

www.ingramcontent.com/pod-product-compliance
Lightning Source LLC
Chambersburg PA
CBHW070941280326
41934CB00009B/1966